Saggi

ROBERTO VOLPI

Terra promessa

SOLFERINO

SOLFERINO

www.solferinolibri.it

ISBN 978-88-282-1734-3
Prima edizione: ottobre 2025

Terra promessa

1
Lo scenario

0. Il territorio di questo saggio

Emigrare è difficile. Non è come cambiare casa, non è come cambiare città, che pure non son cose di tutti i giorni. Emigrare è una scommessa, la più impegnativa scommessa sulla propria vita che un individuo possa fare. Una scommessa da non perdere, ma che pure si può perdere. Per cercare quanto più è possibile di ridurne le difficoltà e i rischi la prima cosa che si cerca emigrando è una meta che offra alte opportunità di lavoro e realizzazione personale ma che al tempo stesso comporti il minor cambiamento rispetto a quello che siamo, alle nostre radici, tradizioni, culture. Spesso, per trovare opportunità di lavoro e di realizzazione personale occorre guardare lontano, anche molto lontano. Ed emigrare lontano è ancora più difficile e comporta, oltre ai costi, rischi di fallimento ancora più alti, sradicamenti dalle proprie origini che possono segnare, e normalmente lo fanno, il futuro. Così, i tentativi di ripiegamento verso soluzioni più abbordabili sono all'ordine del giorno e nell'emigrazione finisce per imporsi per tanti motivi, tutti assai stringenti, assai concreti, l'*abbordabilità* delle opzioni: se un'opzione è davvero perseguibile o meno, e a quali condizioni. Ma anche così, anche in un quadro di tutt'altro che piena libertà di movimento, i migranti internazionali finiscono per disegnare sulla superficie della terra una geografia di percorsi, rotte, approdi che fornisce una potente chiave interpretativa del tanto conflittuale e tormentato mondo di oggi. Arrivare a conoscere questa geografia è dunque il tema e lo scopo di questo saggio. Per farlo ci serviremo degli ultimissimi dati, relativi all'anno 2024, della Population Division, la divisione dell'ONU che si occupa di raccogliere, rendere accessibili e sviluppare i dati e i trend della popolazione di tutti i Paesi e le regioni del mondo.

La Population Division definisce «migrante internazionale» chi emigra da un Paese di origine a un Paese di destinazione, per risiedervi almeno 12 mesi. Paesi di origine e Paesi di destinazione possono essere confinanti o stare su continenti diversi, magari separati da un oceano e da parecchie migliaia di chilometri, ma sono pur sempre migranti internazionali tutti coloro che passano da un Paese a un altro, indipendentemente da ogni altra considerazione: da come ci passano, se legalmente o meno, e dal perché, per quali motivi o cause lo fanno. I dati che trovano posto in questo saggio si riferiscono all'insieme dei migranti, tanto a quelli legali, la stragrande maggioranza, che a quelli illegali. Questa *non specificazione*, peraltro, non consente di fare confronti tra i dati poniamo dell'Istat, il nostro Istituto centrale di statistica, e quelli della Population Division relativi ai migranti internazionali residenti in Italia, e questo perché l'Istat (e con esso gli altri Istituti di statistica dei Paesi europei) rileva con cadenza annuale i dati della popolazione straniera che risiede legalmente in Italia. Inoltre, mentre quella dell'Istat è una vera e propria rilevazione statistica corrente con periodicità annuale che fornisce risultati sicuri (a parte minimi errori di rilevazione), *The 2024 edition of the International Migrant Stock* della Population Division presenta le «ultime *stime* [corsivo nostro] del numero e delle caratteristiche dei migranti internazionali nel mondo». Stime, dunque. E non potrebbe essere diversamente, avendo la Population Division a che fare con più di 200 Stati molti dei quali senza vere o attendibili rilevazioni del fenomeno.

Se affidarsi a delle stime può apparire operazione insieme riduttiva e azzardata è bene sapere che nelle sue periodiche sessioni la Commission on Population and Development – la commissione internazionale di approfondimento dei problemi della popolazione – discute e produce documenti di analisi e indirizzo, ai quali ci si rifà nel mondo intero, sulla base di queste stime.

La Population Division è dunque l'autorità internazionale e il punto di riferimento obbligato per la conoscenza dei fenomeni demografici, ragione per cui in questo libro non verranno posti in alcun modo in discussione i caratteri di completezza e attendibilità dei dati – sulla cui raccolta la Population Division offre del resto tutte le essenziali informazioni tecniche. Ciò anche in considerazione del fatto che non esiste alternativa alla Population Division nelle stime dei migranti internazionali *all around the world* – e se pure ci fosse non avrebbe la stessa autorità né la stessa credibilità.

Poiché in questo libro parleremo dei migranti internazionali nell'anno 2024, i dati che presenteremo ci offrono una fotografia di questo anno, potente e illuminante, ma pur sempre una fotografia. È evidente che i migranti internazionali al 2024 sono il frutto della dinamica migratoria non solo di quell'anno ma anche di quelli precedenti, ma quando si scatta la fotografia di un fenomeno in un dato momento niente c'è prima e niente c'è dopo più di quanto quella fotografia non mostri. Questa limitazione potrebbe apparire eccessiva, ma a parte l'interesse, tutt'altro che secondario, a conoscere i caratteri fondamentali di un fenomeno in essere in un dato momento occorre aggiungere che quella al 2024 non è l'unica fotografia del fenomeno, per così dire, «scattata» dalla Population Division. È quella sulla quale di preferenza ragioneremo, essendo la foto di oggi, ma non è l'unica, ce ne sono anche di anni precedenti, e nel nostro ragionare ce ne avvarremo di quando in quando richiamando e confrontando la foto di oggi con altre dei migranti internazionali degli anni trascorsi – e in modo particolarissimo con quella del 1990, foto *vecchia* di trentacinque anni, la prima della quale si dispone che abbia caratteri di completezza e attendibilità – così da mostrare la dinamica del fenomeno e da illuminare la tendenza che ha seguito nel tempo.

E ancora: non è un dettaglio tecnico il fatto di chiamare, come si fa spesso in queste pagine, i migranti internazionali, in riferimento ai Paesi in cui si stabiliscono, «stranieri». In effetti i migranti questo sono, almeno fintanto che non abbiano acquisito la cittadinanza dei Paesi in cui si stabiliscono: stranieri in quei Paesi. Il vocabolo non vuole mai avere nel testo un'accezione negativa, ma ha in sé a volte una chiarezza espositiva superiore a quella di «migranti internazionali», cosicché le due locuzioni di migranti internazionali e stranieri vengono nel testo usate pressoché in modo indifferente.

1. *Perché i migranti internazionali rappresentano una cartina di tornasole che non mente*

Ci sono due modi di considerare i migranti internazionali, ovvero quei migranti che vanno a stabilirsi in un Paese – ma non necessariamente in un continente o in una regione del mondo – diverso da quello da cui provengono. Il primo è quello di valutare quanti migranti internazionali ci sono in un qualsivoglia Paese in un dato momento. Secondo le valutazioni della Population Division dell'ONU nel 2024 i migranti internazionali sono 304 milioni, pari al 3,7 per cento degli oltre 8,1 miliardi di abitanti del mondo a questa data – vedremo bene, giacché è proprio questo l'elemento di conoscenza fondamentale delle migrazioni, come geograficamente ripartiti. Il secondo modo è quello di valutare per qualsivoglia Paese o regione o continente il bilancio tra gli immigrati e gli emigrati, tra quanti qui approdano provenendo da altri Paesi e quanti da qui partono per trasferirsi in altri Paesi. Questo bilancio a livello mondiale è ovviamente zero: perché i 304 milioni di migranti internazionali che si sono aggiunti agli abitanti dei Paesi in cui si sono stabiliti corrispondono con tutta evidenza a 304 milioni di abitanti in meno nei Paesi di origine da cui quegli stessi migranti sono partiti per stabilirsi altrove.

Tutti i Paesi, anche quelli che più attraggono i migranti internazionali, quelli dove si dirigono di preferenza le rotte migratorie, hanno movimenti migratori in uscita, individui che emigrano verso altri Paesi. Secondo *The 2024 edition of the International Migrant Stock*, ultimo rapporto della Population Division sui movimenti migratori pubblicato agli inizi del 2025, nel

2024 c'erano in Italia 6.554.000 stranieri residenti, ma si potevano altresì contare 2.941.000 italiani che abitavano in altri Paesi del mondo. Meravigliarsi di questi quasi 3 milioni di italiani *stranieri* in altri Paesi del mondo sarebbe ingenuo, oltretutto considerando che gli italiani impararono presto a emigrare, anche se la tendenza si fece particolarmente marcata tra la fine dell'Ottocento e i primi del Novecento, allorquando lasciarono il Paese nei dieci anni dal 1901 al 1910 ben 6 milioni di italiani, alla media inarrivabile di 600.000 italiani all'anno che prendevano la via dell'estero.

In questo lavoro ci riferiremo di preferenza al primo criterio – perché è il numero degli stranieri che risiedono in un determinato Paese in rapporto alla sua popolazione il vero indicatore della presenza degli stranieri, ed è questa presenza a segnalare il problema degli stranieri, le sue dimensioni, la sua portata non semplicemente quantitativa ma anche in termini, come avremo occasione di discutere, di melting pot dei nostri giorni, di melting pot moderno. Se non proprio post-moderno.

Parlando in termini generalissimi i migranti internazionali si dirigono, proprio come gli italiani di oltre un secolo fa, dove sperano di avere un futuro e una vita migliori, mentre evitano di farlo dove non scorgono questa speranza. Così stando le cose, le migrazioni internazionali rappresentano una sorta di riconoscimento in positivo di quei Paesi verso i quali si dirigono e altresì un riconoscimento in negativo di quei Paesi dai quali provengono – e che lasciano. Quest'ultimo non è un giudizio di valore, non è un giudizio morale, sia chiaro, è solo un giudizio che scaturisce dai fatti: è pacifico constatare come i Paesi con un movimento migratorio positivo (più immigrati in questi Paesi che emigrati da questi Paesi) hanno livelli di reddito e godono di condizioni di vita migliori dei Paesi che hanno un movimento migratorio negativo (più emigrati che immigrati). Coi loro spostamenti nel tempo i movimenti migratori funzionano, in certo senso, come una sorta di cartina di tornasole. Così, i poco meno di 3 milioni di italiani che risiedono oggi all'estero rappresentano la quota di italiani che in vari anni, anche non così vicini a quelli attuali, hanno scelto di lasciare l'Italia per cercare miglior fortuna fuori dai confini nazionali, pur conservando ancora la cittadinanza italiana. Ma sono più del doppio gli immigrati da altri Paesi che cercano miglior fortuna in Italia, cosicché il bilancio suggerisce senza ombra di dubbio che il nostro è un Paese che potremmo definire fortunato, con una capacità attrattiva nei confronti degli stranieri molto più forte dell'incapacità di mantenere i propri connazionali entro i suoi confini. Fino agli anni Sessanta dello scorso secolo non è stato così, il movimento migratorio dell'Italia era negativo, e ciò testimonia dell'indiscutibile crescita del nostro Paese in sé e nel contesto internazionale degli ultimi sessant'anni.

Insomma, non sono solo gli abitanti dei Paesi più poveri o percorsi da guerre e conflitti o oppressi da regimi illiberali a cercare miglior fortuna fuori dai propri Paesi, anche se sono senz'altro costoro a mostrare la più alta propensione a trasferirsi, o a cercare di farlo, in altri Paesi e regioni. Nel mondo ci sono anche, esempio estremo, 3,2 milioni di cittadini statunitensi che nel 2024 risiedono fuori dagli USA, e dunque emigrati dagli USA – più di 1.200.000 dei quali in America Latina e poco meno di un milione in Europa. Numeri che non sono niente, però, in confronto ai 52,4 milioni di migranti internazionali residenti a quella stessa data negli Stati Uniti, che ci interessano evidentemente molto di più dei 3,2 milioni di cittadini americani che hanno stabilito la loro residenza fuori dagli Stati Uniti.

I migranti internazionali non prendono normalmente vie per così dire ideologiche, non seguono tragitti e rotte in base alle loro convinzioni politiche, alle credenze religiose, a precetti morali. O meglio: succede anche questo; ma sono rivoli migratori del tutto minori, marginali, quelli che si lasciano guidare da valori e princìpi che non guardano o guardano solo secondariamente alle migliori prospettive di vita e di lavoro per sé e le proprie famiglie. Nel 2024 risultavano abitare in Afghanistan, Paese di 43 milioni di abitanti, meno di centomila stranieri, un niente – lo 0,2 per cento – rispetto alla popolazione, provenienti pressoché totalmente dal Pakistan: difficile non scorgere in questi migranti internazionali dal Pakistan all'Afghanistan il segno più di una appartenenza ideologico-religiosa che non della ricerca di migliori prospettive di lavoro e di vita nel Paese ospite.[1]

Piuttosto le distanze, le difficoltà e i costi umani ma anche economici degli spostamenti da un Paese a un altro possono imporre, e spesso lo fanno, punti di approdo che non sono quelli che si vorrebbero, quelli davvero desiderati. E ciò succede proprio nei Paesi più poveri e instabili, dove non sempre quanti intendono emigrare possono consentirsi rotte a lungo raggio e si vedono co-

[1] Per non dire che si tratterà, almeno in certa parte, di immigrazione di ritorno di afghani andati in Pakistan, dove hanno risieduto per un certo tempo per poi tornare nel Paese d'origine. A sottolineare ancor più la totale assenza di immigrati in Afghanistan.

stretti a ripiegare su soluzioni di compromesso, in quanto più vicine e più facilmente raggiungibili senza dover ricorrere a sacrifici troppo gravosi, se non proprio impossibili da sostenere.

Contrariamente a quel che si potrebbe pensare l'area forse più povera del mondo, l'Africa Subsahariana, un'immensa regione che si estende dal Congo al Sudafrica per una popolazione di oltre 1,2 miliardi di abitanti, fa registrare nel 2024 la presenza di 24,6 milioni di migranti internazionali, di «stranieri»: non propriamente una quisquiglia. La cui interpretazione rischierebbe però di portarci fuori strada se non integrassimo questo dato con altri due dati che ci chiariscono la sua effettiva portata. Il primo è questo: 19,6 milioni di questi 24,6 milioni di migranti internazionali vengono proprio dall'Africa Subsahariana, cosicché si capisce bene che di 10 migranti internazionali che approdano in qualche Paese subsahariano ben 8 provengono da altri Paesi della stessa regione (mentre un altro migrante internazionale proviene dalla stessa regione, cosicché sono 9 su 10 i migranti internazionali residenti nell'Africa Subsahariana, *stranieri in questa regione*, che provengono dal continente di cui essa fa parte). Si tratta in sostanza per la quasi totalità di movimenti di migranti da un Paese a un altro dell'Africa Subsahariana, movimenti migratori sì internazionali, ma a breve raggio ed evidentemente determinati, almeno in buona misura, dall'impossibilità di perseguire rotte e tragitti migratori in tutti i sensi più lunghi e impegnativi sotto il profilo delle difficoltà che si incontrano e dei sacrifici che si debbono sostenere per questi trasferimenti verso altre regioni e Paesi del globo con più avanzati livelli di vita, reddito e opportunità. L'Africa Subsahariana è una regione ad alta, se non altissima instabilità politica, di conflitti etnici e religiosi, con Paesi dove aleggia endemica la guerra civile, non soltanto una delle aree più povere, se non la più povera in assoluto, del mondo; gli spostamenti da un Paese all'altro di questa regione sono dunque tutt'altro che infrequenti, si fugge dalle zone più calde e insicure, ma molto spesso senza che si possa approdare sulle rive davvero agognate, troppo lontane e fuori dalle possibilità materiali dei migranti di questa regione.

Il secondo dato che ci serve per meglio comprendere il significato dei 24,6 milioni di migranti internazionali presenti nel 2024 nell'Africa Subsahariana è questo: i migranti originari di questa regione che risiedono in Paesi esteri ammontano nello stesso anno a 30,7 milioni: 6,1 milioni più di quanti sono i migranti internazionali in Africa Subsahariana. Insomma, e conclusivamente: (a) dall'Africa Subsahariana sono in numero maggiore gli emigrati degli immigrati, quanti se ne vanno di quanti vi arrivano; e (b) tra quanti vi arrivano, 8 su 10 provengono da questa stessa regione e 9 su 10 dallo stesso continente di cui la regione fa parte, l'Africa.

Siamo di fronte, chiaramente, a una regione «povera» anche dal punto di vista migratorio, pur se d'acchito 24,6 milioni di migranti internazionali sembrano indirizzare il giudizio in un altro senso. In verità la conclusione viene confermata anche sul piano strettamente quantitativo, a prescindere dalla provenienza dei migranti, perché i 24,6 milioni di migranti internazionali presenti in Africa Subsahariana rappresentano solo il 2 per cento della sua popolazione mentre i 304 milioni di migranti internazionali nel mondo rappresentano il 3,7 per cento della sua popolazione, ovvero in proporzione quasi il doppio.

Ci siamo soffermati sulla necessità di integrare tra di loro più dati relativi ai migranti internazionali per far toccare con mano come il tema possa prestarsi a facili fraintendimenti e per dare consapevolezza della sua complessità. Una complessità che può sfuggire senza un quadro conoscitivo di riferimento più ampio. Ciò detto la posta più decisiva per capire la realtà dei movimenti migratori del nostro tempo, il sentimento che li circonda e le politiche che ispirano, resta senz'altro quella relativa all'ammontare dei migranti internazionali che vivono/abitano nelle diverse parti del mondo: un mondo con 304 milioni di stranieri che nel 2024 abitano in Paesi che non sono i loro Paesi di origine, 304 milioni di persone che hanno attraversato un confine internazionale tra Stati per dare, parlando in termini generali ma senz'altro rappresentativi della realtà, una svolta alla loro vita.

2. *La componente femminile nell'immigrazione. Numeri e qualità*

Un carattere dei migranti del quale poco si parla è il sesso, se siano cioè maschi o femmine. La provenienza, ovvero il Paese e la regione di origine dei migranti, come avremo molte occasioni di vedere, vince su tutto il resto e tutto il resto relega in secondo piano. Ciò ha la sua ragion d'essere, intendiamoci, visto che siamo interessati a capire prima di tutto flussi e rotte dei migranti a cominciare dai punti di partenza a quelli d'arrivo. Ma limitarsi a questo rischia di rendere meno chiaro e meno strutturato il quadro che ci facciamo dell'immigrazione e dei migranti.

Quando si entra nella problematica del «grado di difficoltà» che presentano le politiche di accoglienza e integrazione dei migranti, non c'è solamente da considerare la loro provenienza, geografica e culturale, o il loro grado di vicinanza/lontananza dai valori su cui si reggono le nostre società occidentali; c'è da considerare con attenzione anche la composizione secondo il sesso di questi migranti, perché in linea generale maggiore è il grado di femminilizzazione di questa composizione e maggiore sarà la possibilità di successo delle politiche di accoglienza e integrazione dei migranti. Più è alta tra i migranti la proporzione delle donne, meno problemi presenterà il loro inserimento nelle nostre società, tra le nostre comunità. Il contrario succederà, parlando sempre in termini molto generali, quando a essere alta tra i migranti è la proporzione dei maschi. Ma, del resto, è facile verificare come il sentimento di diffidenza, e in casi estremi quello di timore, provato dai cittadini dei Paesi d'immigrazione nei confronti dei migranti si rivolga quasi esclusivamente ai maschi, tocchi pochissimo le femmine, e in modo tutto speciale ai giovani maschi immigrati, se proprio si dovesse dare un'indicazione della fascia di età, tra i 18 e i 35 anni. Sono i maschi di questa fascia di età i migranti nei nostri Paesi, nelle nostre società, dei quali maggiormente ci preoccupiamo e che non infrequentemente ingenerano inquietudine nei Paesi ospiti. Molto meno le femmine, quale che sia la loro età. Questo forte sentimento di problematicità (e, al limite, di pericolosità) associato alla caratterizzazione sessuale dei migranti non rispecchia fino in fondo la realtà, con ogni probabilità, ma altrettanto sicuramente è in essa ben piantata, scaturisce dalle cose, dai fatti, e in ultima analisi dai comportamenti degli immigrati, che variano in base al sesso. Insomma, e per concludere, un alto grado di femminilizzazione dei migranti facilita sia l'approccio che abbiamo verso i migranti che i risultati che si ottengono con le politiche di integrazione degli stessi migranti nelle nostre società.

Per tanto tempo la prevalenza maschile è stata netta, nei flussi migratori. Ma questa composizione, dal secondo dopoguerra alla fine del secolo scorso, è molto cambiata rispetto alla migrazione tra la fine dell'Ottocento e gli inizi del Novecento, e oggi c'è un sostanziale equilibrio tra i sessi nelle migrazioni internazionali. Questo almeno a livello mondiale, dove l'indice di femminilizzazione è di 48 donne su 100 migranti; un valore non troppo lontano dalla parità. La differenza a sfavore delle donne è imputabile al fatto che c'è un'ampissima fascia di mondo che va dal Marocco in Africa Occidentale fino all'Indonesia nell'Asia del Sud, passando per il Medio Oriente e l'Asia Occidentale, dalla Siria alla Turchia, dalla Penisola Arabica all'Iran, dalla quale partono poco meno di un terzo dei 304 milioni di migranti presenti nel mondo al 2024, e nella quale il tasso di femminilizzazione non arriva a 40 donne su 100 migranti. Si tratta del mondo di fede islamica che anche nell'emigrazione, e proprio nell'emigrazione, anzi, conferma la posizione di superiorità di cui godono i maschi rispetto alle femmine – che hanno molta meno libertà e possibilità concreta dei maschi di migrare anche quando desidererebbero farlo e, se lo fanno, è pressoché sempre al seguito e in conseguenza dell'emigrazione maschile. La controprova sta nel fatto che, se escludiamo dal computo questa fascia di Paesi di fede islamica, l'indice di femminilizzazione su scala mondiale dei migranti passa dal 48 al 53 per cento e le donne da minoranza diventano una piuttosto decisa maggioranza nei flussi migratori.

All'opposto della fascia dei Paesi islamici ci sono, sempre in fatto di femminilizzazione delle migrazioni, altre aree – però, diversamente da quella appena vista, senza alcuna continuità territoriale tra di loro – in cui a prevalere sono le donne. Ciò succede in modo particolare nell'Europa dell'Est, dove di 100 migranti 56 sono donne; nell'Asia dell'Est (Cina in particolare), anche qui con ben 56 donne su 100 migranti, e nell'America Latina, con 53 donne ogni 100 migranti.

Ai fini di questo lavoro è tuttavia ancora più interessante verificare qual è l'indice di femminilizzazione dei migranti che abitano nei Paesi d'immigrazione e specialmente nell'Europa Occidentale (vedremo in seguito cosa intendiamo precisamente per Europa Occidentale) e negli Stati Uniti: i due poli indiscutibili dell'immigrazione nel mondo e al tempo stesso gli attori principali, se ci è permesso esprimerci in termini cinematografici (ma, del resto, la filmografia di tutti i tempi è piena delle vicende di migranti, a cominciare dal film forse più famoso di tutti: *Il padrino*, di Francis Ford Coppola, del 1972, con Marlon Brando) di questo saggio.

A fronte di una proporzione di 48 donne ogni 100 migranti a livello globale, in Europa Occidentale e negli Stati Uniti assieme considerati la proporzione tra i migranti che qui risiedono è di 51 donne ogni 100 migranti. Tre punti percentuali di differenza sembrano un divario fin troppo contenuto per meritare una sottolineatura, ma non è così, a maggior ragione se consideriamo che l'indice di femminilizzazione dei migranti nel resto del mondo se escludiamo l'Europa Occidentale e gli Stati Uniti scende sotto il 46 per cento e che tra il 51 per cento di donne tra gli immigrati residenti in Europa Occidentale e Stati Uniti e neppure il 46 per cento di donne tra gli immigrati nel resto del mondo passa una differenza statisticamente parlando molto significativa.

Abbiamo nell'occasione messo insieme l'Europa Occidentale e gli Stati Uniti perché la differenza tra i rispettivi tassi di femminilizzazione degli immigrati che abitavano nel 2024 in queste due aree del mondo è impalpabile: 50,9 per cento nell'Europa Occidentale e 51,1 per cento negli Stati Uniti.

Tra i maggiori Paesi europei ci sono divari non propriamente inconsistenti tra l'Italia, con il più alto indice di femminilizzazione (53 per cento), e l'Inghilterra, con quello più basso e altresì l'unico sotto il 50 per cento (48,7) a causa dell'immigrazione proveniente dalle regioni islamiche dell'Asia del Sud-Sudest. Ma, fermo restando che in Europa Occidentale e negli Stati Uniti la femminilizzazione dei migranti internazionali si aggira attorno al 51 per cento, è interessante vedere come i valori dell'indice di femminilizzazione dei più grandi Paesi europei siano il frutto di contrastanti tendenze alla femminilizzazione dei migranti nelle regioni di origine dei migranti. Così la Germania (50 per cento) accoglie milioni di migranti ad alto indice di femminilizzazione dall'Europa dell'Est, che vanno a compensare sotto questo aspetto i migranti dall'Asia Centrale e Occidentale (Turchia in primis) a basso indice di femminilizzazione. L'Inghilterra (48,7 per cento), diversamente dalla Germania, non compensa l'assai bassa femminilizzazione dei migranti dall'Asia dell'Est e del Sudest con quella dell'Europa dell'Est; mentre la Francia (52,2 per cento) non risente della forte provenienza dei migranti dall'Africa del Nord, sia in quanto proveniente dai Paesi di quella regione in cui il sentimento religioso meno si fa sentire nel tenere le donne lontane dall'emigrare (Algeria, Tunisia), sia e più ancora in quanto più che compensata dai migranti ad alto indice di femminilizzazione dell'Europa del Sud, tra cui l'Italia; la Spagna (51,7 per cento) si avvale in particolare dell'emigrazione ad alto indice di femminilizzazione dall'America Latina, che contrasta quella africana a basso indice di femminilizzazione; mentre l'alto indice di femminilizzazione dell'immigrazione in Italia deriva dalla forte componente d'immigrati dall'Europa dell'Est e dall'Asia dell'Est, entrambe regioni con alto indice di femminilizzazione che compensano gli immigrati a basso indice di femminilizzazione dell'Africa del Nord.

Detto che forse il Paese più aiutato da un'immigrazione maggiormente sbilanciata verso le donne (53 donne contro 47 maschi ogni 100 migranti internazionali) è proprio l'Italia, resta da precisare che la proporzione delle donne tra i migranti in Occidente è sì più favorevole di quella mondiale, ma forse – ed è bene sottolineare il «forse» – non al punto da rappresentare un vero e proprio asset dell'Occidente: occorrerebbe, perché così fosse, una prevalenza più marcata di quella effettiva di 51 donne contro 49 uomini – che tuttavia si fa meglio apprezzare considerando che le donne immigrate nel mondo non occidentale sono soltanto 46 a fronte di 54 uomini.

Si consideri, per esemplificare ancor meglio questo punto, che tra gli immigrati che risiedono negli Stati Uniti quelli che provengono dal Messico sono al 51,3 per cento maschi, mentre quelli di tutte le altre nazionalità sono maschi solo al 48,2 per cento. Torneremo sul Messico come Paese di emigrazione verso gli Stati Uniti per eccellenza, qui intendiamo intanto segnalare come anche la bassa femminilizzazione dell'immigrazione messicana contribuisca a rendere e a far sentire agli americani come pericolosa, tra tutte, quella migrazione che risulterebbe senz'altro meglio accettata se fosse l'immigrazione dal Messico ad avere solo 48,2 maschi ogni 100 immigrati verso gli Stati Uniti: ciò significherebbe infatti mezzo milione di donne in più e mezzo milione di maschi in meno negli oltre 11 milioni di migranti messicani residenti negli Stati Uniti nel 2024: non propriamente una differenza da niente.

Volendo trarre un'indicazione da questi dati si può senz'altro dire che l'Occidente (pur se nella sua accezione ridotta di Europa Occidentale più Stati Uniti anziché in quella completa di Europa più Nord America più Australia-Nuova Zelanda) assorbe, in proporzione, molte più donne immigrate di quante non ne assorba il mondo non occidentale. Abbiamo detto assorbe per intendere anche: richiede. L'Occidente *richiede* in proporzione più donne immigrate di quante ne richieda il mondo non occidentale nel suo complesso. Una delle ragioni è senz'altro da ricercarsi nei superiori livelli di invecchiamento delle popolazioni occidentali e una seconda nei più alti tassi di occupazione femminile di queste stesse popolazioni: due fattori che, combinandosi, fanno sì che rispetto alle altre aree del mondo vengano richieste in Occidente molte più donne per funzioni di accudimento, delle persone come delle abitazioni. C'è insomma una maggiore duttilità femminile rispetto alle necessità di lavoro nelle società occidentali, che rappresenta forse l'elemento di maggior forza delle donne sugli uomini nelle migrazioni.

Anche questo carattere dell'immigrazione femminile porta a concludere che una più alta proporzione di donne tra i migranti favorisce l'intesa e la compenetrazione tra quanti arrivano nei Paesi d'immigrazione e i cittadini di questi Paesi.

La prevalenza delle donne sui maschi nell'immigrazione rappresenta così al tempo stesso un elemento facilitatore e acceleratore di tutti i processi sia di integrazione che di melting pot con le popolazioni autoctone. Avremo occasione di tornare sull'argomento in chiusura di questo saggio.

3. Gli stranieri in Occidente al 2024? Pari alla somma dei nati in Occidente negli ultimi 13-14 anni

Ammettiamolo: 304 milioni di migranti internazionali, di stranieri, in un mondo che di abitanti ne conta più di 8,1 miliardi può sembrare se non proprio poca cosa, indiscutibilmente un fenomeno di dimensioni nient'affatto straordinarie e del tutto gestibili, sol che lo si volesse davvero, sol che ci fosse la buona volontà degli Stati verso i quali questi migranti di preferenza si dirigono di accoglierli dignitosamente, predisponendo le azioni necessarie. È l'argomento principe, quest'ultimo, di tutti coloro – persone, organizzazioni e istituzioni – che vorrebbero una ben altra apertura e accoglienza dei migranti; e tutto il contrario delle politiche restrittive che si prospettano o minacciano. Il fatto è che i Paesi verso i quali i migranti si dirigono di preferenza finiscono per avere *proprio per questa preferenza* il problema dei migranti.

Ora, questi migranti, lo vedremo bene, si dirigono di preferenza verso l'Occidente – dove con questo termine si intende generalmente l'area del mondo formata da Europa e Nord America più Australia e Nuova Zelanda. Bene, in quest'area del mondo negli ultimi quindici anni sono nati tra i 13 milioni e gli 11 milioni di bambini l'anno, salvo scendere in modo deciso sotto questa soglia negli ultimi due anni. Ma in questa stessa area, che ha più o meno un settimo della popolazione mondiale, abita ben oltre la metà (circa 165 milioni) dei 304 milioni di stranieri presenti nel mondo nel 2024, cosicché è immediato constatare come la popolazione dell'Occidente – il suo ammontare, le sue prospettive – dipenda in misura assai maggiore dagli stranieri che si stabiliscono entro i suoi confini, nei territori degli Stati che lo compongono, che non dalla sua stessa natalità, ovvero dall'insieme dei nati nei Paesi occidentali. In effetti i 165 milioni di stranieri che vivono in Occidente nel 2024 corrispondono alla somma dei nati in Occidente degli ultimi 13-14 anni. Ecco, quando pensiamo alla dimensione effettiva degli stranieri nel mondo ai giorni nostri conviene pensarla alla luce di confronti come questo se vogliamo apprezzare meglio la reale dimensione.

Ma c'è un altro termine di riferimento che risiede nel passato e ci consente di farci un'idea più fondata anche dell'intensità e della velocità dell'evoluzione del fenomeno dei migranti internazionali nel tempo.

Una fotografia datata 1990, la prima di questo tipo scattata dalla Population Division coi criteri di esaustività e attendibilità moderni, ci dice che a quella data i migranti internazionali nel mondo, gli stranieri trapiantati in Paesi diversi dai loro Paesi di origine, erano pressappoco la metà di quelli di oggi: 154 milioni.

Trattasi di un riferimento essenziale, ma come vedremo non sufficiente, per stabilire con quale forza intrinseca i 304 milioni di migranti internazionali al 2024, che nient'altro sono se non il risultato finale dei movimenti migratori internazionali, sono assurti a rappresentare il più grande problema, lo snodo geopolitico e culturale più complesso, dei nostri tempi. Uno snodo che assume tuttavia proporzioni assai diverse nelle diverse regioni del mondo; una difformità, questa, che va osservata con la più grande attenzione se vogliano capire perché questo snodo è così sentito in certi Paesi e regioni del mondo e assai poco in altri Paesi e regioni del mondo. Si prenda l'esempio della Cina, che ha appena ceduto lo scettro di Paese più popoloso del mondo, suo da quando esistono i censimenti e le valutazioni internazionali, all'India.

4. *Si prenda la Cina, per cominciare*

Il dato di 304 milioni di migranti internazionali al 2024 può far rizzare i capelli in testa a quanti osteggiano i fenomeni migratori e pure a molti di coloro che senza osteggiarli ne farebbero volentieri a meno. In effetti questo dato è raddoppiato dal 1990, quando i migranti internazionali erano 154 milioni. Ma la proporzione che i migranti internazionali rappresentano della popolazione del mondo, considerando che nel frattempo questa popolazione è quasi raddoppiata a sua volta, è passata dal 2,9 al 3,7 per cento: non l'incremento catastrofico che saremmo portati a ipotizzare sulla base di tutte le immagini e i discorsi che l'argomento attira come il miele le api.

Ora, detto che ci sono Paesi e intere aree del mondo che dei movimenti migratori hanno un indiscutibile bisogno per sorreggere demografie ed economie che lasciate ai soli movimenti endogeni/interni non avrebbero un futuro – non almeno a lungo termine –, i dati della Population Division illuminano un fenomeno che non ha l'eguale quanto a difformità e diseguaglianze anche tra Paesi e regioni del mondo che pure hanno dinamiche demografiche e caratteri della popolazione (per esempio una struttura per età con proporzionalmente pochi giovani e molti anziani) molto simili e che sembrerebbero richiedere attenzioni e politiche dedicate alle migrazioni internazionali altrettanto simili. Invece non è affatto così. La Cina ha un atteggiamento assai diverso da quello dell'Occidente, in merito alle politiche migratorie. Eppure al pari di molti se non proprio di tutti i Paesi occidentali essa ha un movimento naturale della popolazione – sintetizzato nel saldo tra nati e morti – largamente negativo e una struttura della popolazione secondo l'età che presenta gravi deficit proprio nelle età giovanili (indicativamente tra i 16 e i 34 anni) di maggiore fertilità.

I migranti internazionali sul suolo cinese, ovvero gli stranieri che abitano in Cina al 2024, sono 1,6 milioni, mentre i migranti stranieri che vivono nell'Europa del Nord, del Sud e Continentale, che abbiamo complessivamente già chiamato Europa Occidentale – vale a dire tutta l'Europa con l'esclusione di quella dell'Est, che comprende anche la Russia –, sono 75,4 milioni.[2] La Cina ha oltre 1,4 miliardi di abitanti mentre le tre regioni dell'Europa che costituiscono l'Europa Occidentale hanno complessivamente 460 milioni di abitanti, cosicché i migranti internazionali rappresentano rispettivamente l'1,1 per mille della popolazione cinese e il 16,4 per cento della popolazione dell'Europa Occidentale. Detto in altre parole: a parità di popolazione per ogni migrante internazionale che troviamo sul territorio cinese ce ne sono 142 in Europa Occidentale. Non so se è chiaro il concetto, ma a scanso di equivoci è bene ribadirlo: la *propensione dell'Europa Occidentale* ad accogliere migranti dagli altri Paesi – che corrisponde, al contempo, alla *propensione dei migranti* internazionali a scegliere l'Europa Occidentale – è 142 volte superiore alla propensione cinese ad accogliere sul proprio territorio migranti dagli altri Paesi – che corrisponde a sua volta alla propensione dei migranti internazionali a scegliere la Cina. Non il doppio o il triplo e neppure dieci volte, bensì 142 volte: una propensione 142 volte più grande. Sul piano più concreto e immediato possibile: ogni milione di abitanti ci sono in Cina 1100 stranieri; ogni milione di abitanti ci

2 Ci siamo permessi di chiamare Continentale l'Europa conosciuta come Occidentale per poter chiamare con quest'ultimo nome, l'Europa formata dalle tre regioni europee: Europa del Nord, del Sud e Occidentale (in queste pagine rinominata Continentale). Del resto, Continentale è per quella parte di Europa, geograficamente parlando, più azzeccato di Occidentale, mentre le tre regioni indicate vanno bene sotto l'etichetta di Europa Occidentale, ma non sotto quella di Europa Continentale.

sono nell'Europa Occidentale 164.000 stranieri. Realtà agli antipodi. *Chiusa agli altri la prima; aperta, se non proprio spalancata, agli altri la seconda.*

Potremmo pensare che in Cina non ci sia bisogno di migranti internazionali, di stranieri, e che i cinesi bastano e avanzano a se stessi. Ma le cose non stanno precisamente così. Le previsioni della popolazione cinese sono le più infauste. La Cina potrebbe perdere quasi metà della sua popolazione attuale entro la fine del secolo, con autentiche decimazioni proprio delle classi di età più giovanili, così precludendosi la possibilità di ogni ulteriore e più lontana ripresa nel prossimo secolo. Scenari futuristici, distopici? No, la Cina è già chiaramente avviata, più avviata di qualsiasi altro Paese, più ancora dell'Italia, che pure a sua volta è un bel passo avanti, su questa china. Anche l'Italia, anche l'Europa perdono abitanti per il disavanzo delle nascite sulle morti, ma mentre l'Italia (di meno) e l'Europa Occidentale (di più) compensano in qualche modo con l'attivo del movimento migratorio, in Cina non succede lo stesso, e questo perché, detto in termini semplicissimi, *la Cina non ha un movimento migratorio in entrata.* La Cina è ancora oggi un Paese demograficamente parlando chiuso al mondo per un doppio motivo: non c'è una grande propensione in giro, anzi non ce n'è alcuna, a trasferirsi in Cina; la Cina non è un Paese propriamente accogliente per i migranti internazionali. Questione di cultura, storia, tradizione, ma anche conseguenza di una linea di politica economica di forte protezionismo economico-produttivo. Controprova di questa *chiusura*, semmai esistesse un qualche dubbio in proposito: 1,3 degli 1,6 milioni di migranti internazionali presenti in Cina al 2024 vengono dal Sud-Sudest dell'Asia, ovvero dalle aree più vicine alla Cina tanto geograficamente che culturalmente, mentre gli occidentali in Cina (europei più statunitensi e canadesi, più ancora australiani e neozelandesi) non arrivano a 200.000. Se pensiamo agli almeno 6 milioni di cinesi che nel 2024 abitano e costituiscono vere e proprie comunità in Occidente, avremo una visione plastica dello squilibrio formidabile che scaturisce in modo non diretto ma direttissimo da un corrispondente e altrettanto formidabile squilibrio di qualità della vita, della democrazia, dei diritti e della libertà tra i due poli: la Cina, l'Occidente. Il Giappone ha più ancora della Cina una cultura e una storia chiuse alla questione «stranieri»; ma la problematicità estrema della sua demografia, gravata dagli stessi limiti della Cina e dell'Italia, a cominciare da una bassissima natalità, ha consigliato ai suoi governi un allentamento, pur se ancora del tutto inadeguato, dei vincoli politico-culturali verso l'immigrazione per cercare di limitare e rallentare la perdita di milioni e decine di milioni di abitanti.

Ancora una annotazione al riguardo. Sono quasi 22.000 i russi che risiedono in Cina, contro i 12.000 tedeschi e i 60.000 statunitensi. Ci sono anche 5000 italiani – appena 5000 italiani –, mentre i cinesi che hanno residenza legale in Italia sono secondo l'Istat circa 310.000, ovvero oltre 60 volte gli italiani che hanno residenza in Cina – senza mettere nel conto gli altri 100.000 cinesi, o giù di lì, che hanno nel tempo acquisito la cittadinanza italiana.

Ma niente preclusioni né affinità ideologiche, dietro queste cifre. Le poche aperture delle porte cinesi sono nel segno che più capitalistico non si può del *business is business*. Un segno utile, indubbiamente, ma se la scala sulla quale agisce è ampia e ariosa, non asfittica e sforzata come quella cinese. Cambierà qualcosa negli anni e decenni a venire nelle politiche migratorie cinesi? Al momento di cambiamenti di questo tipo non si scorgono tracce – non almeno tracce davvero leggibili, marcate. Gli stranieri in Cina sono sì triplicati dal 1990 (quand'erano mezzo milione) a oggi (quando sono 1,6 milioni), ma il risultato è stato quello di passare da 0,4 a 1,1 stranieri ogni mille abitanti: da niente a poco più di niente.

5. *L'impennata migratoria degli anni Duemila*

Dunque, la prima cosa che scopriamo nel confronto tra la fotografia del 2024 e quella del 1990 è che i migranti internazionali sono pressoché raddoppiati tra queste due date, passando da 154 a 304 milioni e dal 2,9 al 3,7 per cento della popolazione mondiale. Il confronto fornito dalle due fotografie però non ci è sufficiente, giacché non ci dice del modo in cui si è passati da 154 a 304 milioni nei 34 anni intercorrenti tra il 1990 e il 2024. Sono aumentati secondo una progressione lineare, o non piuttosto crescente nel tempo, i migranti internazionali? L'interrogativo ha una sua ragion d'essere perché siamo ovviamente molto interessati a conoscere le tendenze più attuali del fenomeno e, su questa base, a cercare di capire che cosa dobbiamo presumibilmente aspettarci in futuro in fatto di migrazioni e migranti internazionali.

Per rispondere alla domanda abbiamo suddiviso l'intervallo di tempo 1990-2024 in tre periodi rispettivamente di 10, 20 e 4 anni: l'ultimo decennio dello scorso secolo, i primi venti anni di questo secolo e gli ultimi 4 anni. Intendiamoci, non è certo questa l'unica possibile periodizzazione. Però ha una sua intrinseca ragionevolezza separare l'ultimo decennio del secolo scorso e i primi 24 anni del Duemila, che è naturale suddividere a loro volta in due periodi a partire dalla data del 2020, anno della più temibile pandemia moderna: il Covid.

È piuttosto immediato verificare (Tav. 1) come l'aumento dei migranti internazionali segua una tendenza fortemente crescente tra il 1990 e il 2024 e, più specificamente, come il fenomeno *esploda* nei primi due decenni del nuovo millennio, con quasi 101 milioni di migranti internazionali in più, per subire una ulteriore accelerazione tra il 2020 e il 2024, quattro anni nel corso dei quali l'aumento dei migranti internazionali nel mondo (28,7 milioni) è stato assai superiore a quello registrato nei dieci anni 1990-2000 (20,7 milioni). L'incremento medio annuo dei migranti internazionali è ancora più esplicativo: partito da 2,1 milioni l'anno nell'ultimo decennio del Novecento, arriva ai 7,2 milioni di migranti internazionali all'anno tra il 2020 e il 2024, più che triplicando.

Due elementi emergono con forza da questi dati. Il primo è il ruolo esercitato dalla globalizzazione degli anni Duemila – una globalizzazione nel segno più ancora degli Stati Uniti che dell'Occidente nel suo complesso – nell'esplosione del fenomeno migratorio su scala internazionale proprio in quegli stessi anni; il secondo è rappresentato dall'effetto propulsivo esercitato sulle migrazioni da situazioni regionali di guerre e conflitti che sempre più hanno una ricaduta sugli equilibri geopolitici globali – come, prima tra tutte per vastità, durata, efferatezza, la guerra di aggressione della Russia di Putin all'Ucraina.

Nel mondo si contano nel 2024 oltre 50 milioni di rifugiati e richiedenti asilo, costretti dalle circostanze a oltrepassare in vari modi i confini di Stati che non sono i loro a causa di persecuzioni, conflitti, violenze e violazioni dei diritti umani subite nei Paesi di origine. La cifra più grande di sempre, pari a un migrante internazionale su sei, che negli ultimi dieci-quindici anni è stata alimentata in modo particolare dalle crisi umanitarie di lunga durata di Paesi come l'Afghanistan, il Venezuela e la Siria e da quelle più recenti, tra le altre, del Sudan, dell'Ucraina, della stessa Palestina – le cui origini vengono da molto lontano ma che ha subìto una drammatica recrudescenza dopo l'attacco terroristico del 7 ottobre 2023 portato da Hamas contro Israele.

I movimenti migratori sono la conseguenza pressoché naturale di grandi, meno grandi e perfino modesti squilibri che si creano tra le diverse regioni del mondo dal punto di vista del benessere, delle opportunità, dei diritti di cui godono i cittadini, le persone. Sono dunque a loro modo un elemento di riequilibrio che fa presto però a trasformarsi nel suo contrario: nell'aggravamento degli squilibri, quando dalle regioni e dai Paesi più svantaggiati i movimenti migratori diventano esodi che privano delle energie migliori quelle regioni e quei Paesi. C'è, in sostanza, anche una patologia dei movimenti migratori, oltre a una fisiologia degli stessi. Ci sono movimenti migratori che nella loro abnormità segnalano patologie di cui proprio questi movimenti sono il frutto, la conseguenza. Purtroppo il lato patologico dei movimenti migratori è in espansione, proprio come lo sono, se non perfino di più, i movimenti migratori in se stessi. Tanto da meritare uno sguardo più da vicino.

6. Il lato patologico dell'impennata migratoria degli anni Duemila. Il caso Israele-Palestina e altri sconvolgimenti

Non c'è niente come i movimenti migratori capace di testimoniare, parlando in termini generalissimi, lo stato di salute di un Paese in un dato momento. La Population Division riporta questi dati al 2024 relativi a quello che nei suoi report va sotto il nome di *State of Palestine*: immigrati 272.481; emigrati 4.233.248, per un saldo negativo di 3.960.767 abitanti, pari al 72,1 per cento della sua popolazione, che a quella data ammontava a 5.495.000 abitanti. Nella graduatoria dei 160 Stati del mondo con almeno un milione di abitanti, lo Stato della Palestina, con un movimento migratorio negativo che equivale al 72,1 per cento della sua popolazione, si piazza direttamente al primo posto, senza avversari in grado di impensierirlo, per la perdita di abitanti imputabile al movimento migratorio.

Ora, sia detto senza acrimonia, c'è da dubitare che all'ONU, così come nelle cancellerie degli Stati più potenti del mondo, si valutino come si dovrebbe fare dati come questi. Che non lo faccia Hamas è a tal punto ovvio da apparire legittimo, visto e considerato che questo considerevole risultato è il frutto per così dire più maturo delle sue strategie; che non lo si faccia nei tanti vertici e caminetti dove i potenti mettono a punto le strategie geopolitiche per provarsi a governare questo nostro mondo diventato così turbolento, appare invece ben più incomprensibile. Sempre alla fine del 2024 Israele vantava, su una popolazione di 9.387.000 abitanti, un saldo positivo del movimento migratorio di 1.767.000 unità, pari al 18,8 per cento dei suoi abitanti. Ed è così che oggi lo Stato di Israele ha circa 3,9 milioni di abitanti più dello *State of Palestine*, mentre senza movimenti migratori di abitanti ne avrebbe quasi 2 milioni di meno. Ecco il risultato sconcertante che Hamas ha prodotto da quando spadroneggia nella cosiddetta Striscia di Gaza. Tutti guardano ai morti – conteggiati dallo stesso Hamas, inutile aggiungere – provocati dalla reazione del tutto fuori misura dell'esercito israeliano in risposta all'attacco terroristico di Hamas dell'ottobre 2023. Cosa giusta, è innegabile. Ma nessuno o quasi registra il fatto che lo *State of Palestine* dovrebbe avere 9,5 milioni di abitanti ma ne ha 5,5, mentre Israele che senza movimenti migratori in attivo avrebbe 7,6 milioni di abitanti ne vanta 9,4: non quasi due milioni di meno, bensì quasi due milioni di più dello Stato di Palestina. E così Israele, che guardava con grande preoccupazione alle diverse dinamiche demografiche delle due realtà, oggi, dopo 18 anni di potere assoluto di Hamas a Gaza e di politiche di guerra e terrorismo condotte da quella organizzazione contro di esso, può ormai archiviare come vinta per lunghi decenni a venire e si dica pure per sempre la sfida demografica: la sua è una popolazione in grande ascesa mentre, incredibile a dirsi, quella della Palestina appare, a dispetto della sua giovanissima età media, come una popolazione in grave declino – e questo, sia chiaro, già da ben prima di quel terribile ottobre 2023. Cosicché è del tutto realistico pensare che la scelta di Hamas di non liberare gli ostaggi per contrattare una vera pace, bensì di liberarli col contagocce e tenerli il più a lungo possibile per condizionare le vicende future dei rapporti israelo-palestinesi, finirà, anche per la durissima reazione di Israele, per alimentare una nuova diaspora palestinese sotto le bombe israeliane e, diversamente, un ulteriore irrobustimento di Israele che registra un incessante aumento degli abitanti non solo in conseguenza del movimento migratorio ma anche dello stesso movimento naturale (forbice nati-morti).

Sarebbe il caso di interrogarsi: davvero si pensa che se ci fosse un rifiuto generalizzato del governo Netanyahu e insieme un malessere sociale profondo nella popolazione di Israele dovuto alla sua politica, così come appare dai servizi televisivi e della carta stampata, e ovviamente da un insistito grandinare di libri sull'argomento invariabilmente e inossidabilmente pro-Pal,[3] si avrebbero risultati demografici tali da fare di Israele l'unico Paese occidentale con una dinamica demografica decisamente favorevole sia per quanto riguarda il movimento naturale (nati-morti) che quello migratorio (immigrati-emigrati) della popolazione?

[3] Tra gli altri il libro *Il suicidio di Israele* (Laterza, Roma-Bari 2024), un pamphlet più che un saggio, di Anna Foa, importante e riconosciuta studiosa dell'ebraismo, che nonostante le sue modeste dimensioni e una profondità di analisi così al di sotto delle altre opere dell'autrice, ha vinto a man bassa il Premio Strega saggistica: altro segnale tra i tanti di quanto il sentimento anti-Israele abbia preso campo nelle élite intellettuali di tutto il mondo, e segnatamente del mondo occidentale.

La non accorta lettura dei dati dei movimenti migratori distorce anche la comprensione della proditoria guerra di Putin all'Ucraina e più in generale la sua politica di espansione. Sono 9,8 milioni gli ucraini, pari a più di un quarto della popolazione attuale dell'Ucraina, che risultano abitare in un Paese diverso dal loro al 2024, la quasi totalità dei quali nei Paesi europei, e segnatamente in quelli dell'Europa dell'Est. Sorprende che ben 2,9 milioni di ucraini risiedano nella Russia di Putin. Ma, attenzione, sono ben 3,4 milioni, mezzo milione di più, i russi che al 2024 abitano in Ucraina. È il segno dell'interconnessione tra le due popolazioni, e al tempo stesso dell'incapacità di Putin di determinare un rovesciamento delle posizioni, nonostante le deportazioni forzate di ucraini. Del resto, da quando è arrivato al potere Putin, gli stranieri residenti in Russia sono passati dai 12 milioni degli inizi del secolo ai 7,6 milioni del 2024, segno incontrovertibile del venir meno della già mediocre capacità attrattiva esercitata dalla Russia sugli altri Paesi. Stranieri che per giunta arrivano al gran completo dai Paesi dell'Asia Centrale (Kazakistan e Uzbekistan su tutti) e dell'Europa dell'Est (Ucraina *in primis*, come si è detto), ma nient'affatto dall'Europa Occidentale e dagli Stati Uniti, e più in generale dai Paesi sviluppati e ad alto reddito, cosicché la bilancia migratoria russa non solo è in perdita ma assomiglia in tutto e per tutto a quella di un qualsiasi altro Paese poco sviluppato e a basso reddito.

Dal momento della guerra in Ucraina gli stranieri che abitano in Russia sono passati da 7,3 a 7,6 milioni, con un modesto incremento dovuto alle politiche forzose di Putin volte all'acquisizione di abitanti di età giovanili dai Paesi vicini che gravitano nella sua orbita, che però non hanno frenato l'emigrazione, salita nel 2024 a quasi 9,2 milioni di russi residenti all'estero: 2,6 milioni dei quali tra Europa Occidentale e America del Nord, più di dieci volte i cittadini dell'Europa Occidentale e dell'America del Nord che risiedono in Russia: uno scompenso che si commenta da solo. Così, se si dovesse ricavare dai risultati dei movimenti migratori russi un voto da dare a Putin da quando ha assunto il potere, e non solo dal momento in cui nel 2022 ha invaso l'Ucraina, sarebbe senz'altro quello di una grave, irrecuperabile insufficienza.

Ma le guerre conclamate non esauriscono certo l'inventario dei migranti internazionali che abitano, ben più per costrizione che per scelta, in Paesi diversi da quelli di origine. La Siria ha 9 milioni di siriani all'estero e più di 8 milioni ne ha il Venezuela, rispettivamente un terzo e un quarto delle loro popolazioni. Realtà distantissime in tutti i sensi e vicinissime per l'impossibilità di esercitare in quei Paesi i diritti individuali di libertà e di esprimere in forme organizzate il dissenso. E ancora l'Afghanistan, da cui risultano scappati al 2024 in 7,5 milioni mentre si registravano meno di 100.000 immigrati in quel Paese, tutti come abbiamo anticipato provenienti non certo causalmente dal Pakistan. E ancora il Sudan percorso dalla guerra civile, un quinto della popolazione poverissima fuggito nei Paesi vicini e nell'Arabia Saudita a cercar fortuna, e il Myanmar, piegato dal terremoto ma ben di più da una giunta militare oppressiva alla cui *longa manus* è difficile sottrarsi e dove a fronte di 4,3 milioni di emigrati non ci sono che 78.000 immigrati: indicatore principe, come già per l'Afghanistan, *quest'assenza quasi assoluta di immigrazione*, di un Paese di 55 milioni di abitanti chiuso al mondo e dove non si possono neppure coltivare autentiche speranze di aiuti esterni.

Sì, il bilancio alla fine del 2024 dei movimenti migratori è rivelatore come non mai prima di equilibri minacciati e squilibri, di guerre e conflitti e delle loro conseguenze, di crisi umanitarie, di convulsioni politiche e sociali, di regimi diventati più oppressivi. Con tutto ciò, si registrano forti movimenti migratori in uscita anche da Paesi senza guerre e gravi conflitti interni ma segnati piuttosto da una accentuata instabilità politica o dall'endemica precarietà socioeconomica: è il caso di Bosnia-Erzegovina, Albania, Moldavia, Serbia e Romania in Europa, così come di Porto Rico, Giamaica, El Salvador, Cuba in America Centrale e Caraibica: tutti Paesi in cui il deficit migratorio può arrivare a rappresentare fino al 30-40 per cento dell'ammontare della popolazione, pregiudicandone largamente le possibilità di ripresa.

Estremo in questo senso è il caso di Cuba. L'isola caraibica, meno di 11 milioni di abitanti (tanti quanti ne aveva nel 1990, il che è tutto dire), vanta nel 2024 il primato dello squilibrio tra cubani che risiedono all'estero – quasi 1,9 milioni – e stranieri che risiedono sull'isola, poco più di 2000: cosicché per ogni straniero che vive a Cuba ci sono quasi mille cubani che vivono all'estero: indice estremo della difficoltà della vita sull'isola e della quasi assoluta impossibilità per un non cubano di vivere oggi a Cuba.

Per concludere, i migranti internazionali gettano una luce potente sulle vicende dei Paesi e delle regioni del mondo, sol che si abbia l'avvertenza di lasciar parlare i dati, senza intervenire per edulcorarli o all'opposto drammatizzarli seguendo preferenze, se non proprio pregiudizi, ideologiche. Una luce della quale abbiamo grande bisogno per orientarci nei cambiamenti di un mondo inquieto, combattuto e diviso.

7. *L'accentramento dei migranti internazionali nei Paesi ad alto reddito*

L'impennata dei migranti internazionali, passati da un incremento annuo tutto sommato modesto nell'ultimo scorcio del precedente secolo (2,1 milioni l'anno) a un incremento annuo ben più deciso nei primi due decenni del nostro secolo (5 milioni l'anno) fino a un incremento medio annuo (7,2 milioni l'anno) degli ultimissimi anni ch'è più di tre volte quello iniziale del 1990, è stata dunque sostenuta da due fattori di primissimo piano:

a. di segno prevalentemente positivo, per quanti dubbi si possano nutrire al riguardo, il primo, vale a dire la globalizzazione;
b. di segno del tutto negativo il secondo, i conflitti e le guerre di cui abbiamo presentato una breve rassegna proprio sotto l'aspetto troppo spesso sottovalutato delle ricadute migratorie.

Ora, è ben vero che l'incremento medio annuo dei migranti nel 2020-2024 è *gonfiato*, come vedremo meglio, segnatamente dalla guerra in Ucraina coi suoi milioni di *sfollati* in altri Paesi, ma non si deve dimenticare neppure che esso risente, in senso opposto, della contrazione dei flussi migratori internazionali dovuta al Covid, che non si è fermata al 2020 ma è proseguita nel 2021 e in parte anche nel 2022. Così è più ancora l'eccezionalità del Covid che non la guerra in Ucraina a riflettersi in quell'incremento medio annuo di 7,2 milioni di migranti internazionali registrato negli ultimi quattro anni, che proprio per questo avrebbe potuto essere ancora più alto.

Un incremento che ha un chiaro significato in quanto, se pure continuasse senza più aumentare ulteriormente, comporterebbe un aumento nei prossimi 20 anni di quasi altri 150 milioni di migranti internazionali; migranti che a questi ritmi arriverebbero a toccare il mezzo miliardo di individui appena trascorsa la metà di questo secolo. Una cifra, quest'ultima, che può ancora non allarmare in relazione alla popolazione mondiale che oscillerà per allora tra i 9,3 e i 9,4 miliardi, ma che dovrà essere attentamente considerata in rapporto alla popolazione di quei Paesi verso i quali questi migranti internazionali si dirigono di preferenza. Per allora infatti i migranti internazionali saranno saliti a rappresentare dal 3,7 attuale al 5 per cento della popolazione mondiale, una proporzione che appare in certo senso sotto controllo nella sua entità globale, ma che potrebbe risultare problematica in quei Paesi e regioni del mondo che ne debbono sopportare in modo del tutto preminente il peso.

Occorre mettere bene a fuoco questo punto. Per farlo si può utilmente partire dai dati della Tav. 2, dalla quale risulta d'acchito che i tre quarti degli abitanti della terra risiedono in Paesi a medio reddito, mentre ai due lati di questi *Paesi medi*, tra Paesi ad alto reddito (15 per cento della popolazione mondiale) e Paesi a basso reddito (9 per cento della popolazione mondiale), si concentra l'altro quarto della popolazione della terra. I Paesi a medio reddito sono a loro volta di tanti tipi, per così dire, svariando da Paesi a reddito medioalto a Paesi a reddito mediobasso. Ma la classificazione per grandi livelli di reddito può bastare per una pubblicazione come questa, che non ambisce a essere specialistica.

La definizione dei migranti internazionali come «stranieri» per identificare tutti coloro che risiedono in Paesi che non sono i loro Paesi di origine, ha rispetto ai dati di questa tavola una valenza ancora più precisa e più netta, perché ci dice che oltre 199 milioni dei 304 milioni di migranti, quasi i due terzi dei migranti, hanno scelto di risiedere in Paesi ad alto reddito, la cui popolazione è solo il 15,4 per cento della popolazione mondiale.

Per la verità questo dato suona pressappoco come una conferma di tutto quello che immaginiamo o sospettiamo dei migranti internazionali pur senza aver letto un solo rigo su certe tematiche. Quale maggiore ovvietà, infatti, di quella che vuole i migranti internazionali in movimento, più o meno difficile e impegnativo, verso i Paesi dove il reddito medio pro capite degli abitanti è più alto? Verso i Paesi cosiddetti ricchi dove le occasioni e le possibilità di avere, se non proprio successo, almeno una vita dignitosa sono le più alte possibili? Ma dire che due stranieri su tre di quanti ci sono nel mondo al 2024 abitano e vivono nei Paesi ad alto livello di reddito non dà ancora una misura dell'effettiva concentrazione del fenomeno migratorio. La concentrazione dei migranti internazionali nei Paesi più ricchi è davvero evidente se si passa a valutare la proporzione che essi rappresentano della popolazione dei Paesi distinti secondo il livello del reddito. Si vede così che mentre i migranti internazionali rappresentano il 15,7 per cento della popolazione dei Paesi con reddito alto, rappresentano meno del 2 per cento della popolazione dei Paesi con reddito medio e di quelli con reddito basso. Abbiamo appena ragionato sui dati dei migranti internazionali che abitano nell'Africa Subsahariana, area geografica che comprende alcuni tra i Paesi più poveri della terra, contrassegnata proprio da un'incidenza dei migranti internazionali pari al 2 per cento della sua popolazione. Sono queste proporzioni a rendere meglio l'idea della concentrazione dei migranti internazionali, perché un conto è una popolazione in cui gli stranieri sono uno ogni 50 abitanti, come nei Paesi a basso e a medio reddito, e un altro una popolazione in cui gli stranieri sono uno ogni 6-7 abitanti, come nei Paesi ad alto reddito. Uno straniero ogni 50 abitanti è un fenomeno tutto considerato marginale; uno straniero ogni 6-7 abitanti è un fenomeno centrale nella vita di qualsivoglia Paese. La quantità fa la qualità, come succede quasi sempre.

Nell'intervallo di tempo preso in esame – 1990-2024 – è la proporzione degli stranieri nella popolazione dei Paesi ad alto reddito ad aumentare, mentre aumenta poco o per niente la proporzione degli stranieri nella popolazione dei Paesi a medio e a basso reddito. Cosicché i migranti internazionali aumentano, sì, ma tutto il loro aumento finisce per confluire e addensarsi in quei Paesi che si sogliono anche chiamare «sviluppati». Alla velocità di aumento degli anni 2020-2024, attorno alla metà del secolo i migranti internazionali raggiungerebbero, si è detto, il mezzo miliardo. E di questi, alle proporzioni di oggi, 330 milioni verrebbero a trovarsi nei Paesi ad alto reddito e 170 milioni nel resto degli altri Paesi. Nei Paesi ad alto reddito i migranti verrebbero così a rappresentare il 25 per cento, e anche di più, della loro popolazione. E questo mentre nei Paesi a basso e medio reddito la proporzione di stranieri nella popolazione rimarrebbe stabile o salirebbe di pochissimo, restando comunque ben al di sotto del 3 per cento.

Ci avviamo verso un mondo in cui nel prossimo quarto di secolo si allargherà una forbice ch'è già oggi formidabile: da una parte i Paesi ad alto reddito, con una popolazione compresa tra 1,3 e 1,4 miliardi di abitanti, con 25 e più stranieri ogni 100 abitanti; dall'altra i Paesi a medio e a basso reddito, con una popolazione attorno agli 8 miliardi, con una proporzione di stranieri nella popolazione dieci volte minore. E mentre nei Paesi ad alto reddito gli immigrati arriveranno in buona parte anche da molto lontano e dalle regioni più diverse del mondo, nei Paesi a basso e medio reddito gli immigrati arriveranno quasi al gran completo da vicino e dalle loro stesse regioni di origine. Così, i movimenti migratori divideranno il mondo in due anche sotto l'aspetto dell'*internazionalità* delle popolazioni: col massimo dell'internazionalità delle popolazioni nei Paesi ricchi, con molti immigrati da tutto il mondo, e il minimo dell'internazionalità nelle popolazioni dei Paesi poveri, con pochi immigrati delle stesse regioni povere.

Ovviamente c'è una sorta di ineluttabilità in queste tendenze alla quale è ben difficile sfuggire. Verrebbe da dire, anzi, che non potrebbe che essere così. Ch'è perfino giusto che sia così, che i Paesi ricchi si facciano carico di quanti lasciano i Paesi poveri perché aspirano a una vita migliore. Ma questo è un modo di ragionare etico-morale ch'è a buona ragione della Chiesa cattolica, ma che non necessariamente ispira le politiche dei Paesi ad alto reddito e dei Paesi occidentali che ne rappresentano la gran parte. Questi Paesi ispirano le loro politiche di programmazione dei flussi migratori in entrata *in primis* a ragioni di tornaconto. Tornaconto demografico, prima di tutto, dato che nei Paesi ad alto reddito i morti sono assai più numerosi dei nati e gli abitanti tendono per un verso a diminuire e per l'altro a invecchiare sempre di più. Il buono di questo atteggiamento è che il tornaconto dei Paesi ad alto reddito incontra, se viene guidato razionalmente e non ideologicamente, gli interessi degli stessi Paesi a medio e a basso reddito dai quali i migranti se ne vanno per cercare e possibilmente conquistare una vita migliore. Ne parleremo.

Ora, queste alle quali abbiamo appena accennato non sono che previsioni, è vero, ma previsioni tutt'altro che azzardate, anzi assai realistiche in base alle tendenze attuali. E, per quanto non si possa dire che si tratti di previsioni sconvolgenti, sono tali comunque da richiedere da parte dei Paesi più ricchi e sviluppati la predisposizione di politiche di programmazione e accoglienza dei flussi dei migranti di grande apertura ma anche, e non certo disgiuntamente, di grande consapevolezza.

8. La divisione del mondo in due blocchi: un blocco con i migranti, un blocco senza

Dunque, i flussi dei migranti internazionali sono di preferenza verso i Paesi più ricchi e sviluppati. Ora, lo abbiamo detto, questa può apparire nient'altro che una pura ovvietà. Ma non è propriamente così. Intanto perché le dimensioni del fenomeno, che già oggi sono considerevoli – attestandosi attorno alla cifra di 199 milioni di migranti internazionali, pari al 15,7 per cento della popolazione dei Paesi ad alto reddito –, diventeranno sempre più ingenti col passare degli anni fino a superare largamente, doppiata la metà del secolo, i 300 milioni di migranti, pari al 25 per cento della popolazione che avranno per allora questi stessi Paesi. E in secondo luogo perché la direzione principale dei flussi dei migranti non è semplicemente quella del reddito e dei livelli di vita: da Paesi con redditi e livelli di vita bassi a Paesi con redditi e livelli di vita alti, ma è al tempo stesso una direzione da Paesi con istituzioni democratiche periclitanti, quando pure ci sono, e diritti degli individui assai incerti e carenti a Paesi con istituzioni democratiche solide e rappresentative, con alti livelli di diritti individuali e una competizione per il potere regolata da leggi e norme condivise.

Centinaia di milioni di individui, tra quelli di oggi e quelli che sono destinati a spostamenti territoriali da un Paese a un altro nei prossimi 25-30 anni, che inseguono prima di tutto la possibilità di un miglioramento materiale delle loro condizioni di vita, si troveranno altresì a vivere in ambienti profondamente diversi e più avanzati dei loro sotto moltissimi aspetti. In altre parole: i movimenti migratori si andranno sempre più configurando per decine e centinaia di milioni di individui come autentici passaggi non solo da un Paese a un altro, ma da società e culture ad altre società e culture, tra loro anche molto distanti sotto ogni aspetto. Passaggi nient'affatto semplici, dei quali ci deve essere piena coscienza innanzitutto nei Paesi che esercitano una forte attrazione su questi movimenti.

Una prima rappresentazione della presenza dei migranti internazionali su base continentale già ci informa dell'esistenza di una dicotomia assai marcata riguardo al loro distribuirsi su scala planetaria. È infatti immediato verificare (Tav. 3) come sul piano della presenza degli stranieri i continenti si possano suddividere in due blocchi: da una parte l'Europa, il Nord America e l'Oceania, con proporzioni di stranieri che oscillano tra il 12,6 per cento della popolazione europea e il 21,5 per cento della popolazione dell'Oceania; e dall'altra l'Africa, l'Asia e l'America Latina e Caraibica dove queste proporzioni oscillano tra meno del 2 e meno del 3 per cento. Volendo, la situazione a questo riguardo si può sintetizzare in appena due cifre: nel primo blocco di continenti gli stranieri rappresentano più del 14 per cento della loro popolazione; nel secondo blocco di continenti gli stranieri non rappresentano che un 2 per cento scarso della loro popolazione.

È tuttavia da rimarcare che questo formidabile distacco tra il 14 e il 2 per cento si è prodotto nonostante tra il 1990 e il 2024 il numero degli stranieri sia praticamente raddoppiato tanto nel primo che nel secondo blocco di continenti. Ciò è avvenuto perché mentre nel primo blocco l'aumento della popolazione tra le due date è stato di appena 144 milioni, nel secondo blocco di continenti l'aumento è stato di 2,7 miliardi di abitanti, venti volte maggiore, cosicché mentre il raddoppio del numero di stranieri si traduceva in Europa-America del Nord-Oceania quasi nel raddoppio della percentuale che essi rappresentavano nel 1990 della popolazione pressoché stazionaria di quei continenti, il raddoppio di stranieri in Africa-Asia-America Latina e Caraibica finiva quasi per scomparire in conseguenza del fatto che la popolazione di quei continenti nel frattempo quasi raddoppiava a sua volta.

Esemplare a questo riguardo è l'Africa. Gli stranieri residenti in questo continente sono passati tra il 1990 e il 2024 da 16,2 a 29,2 milioni, con un incremento dell'80 per cento; ma siccome la popolazione africana è nel frattempo più che raddoppiata, passando da 644 milioni a 1 miliardo e 515 milioni, la percentuale che gli stranieri rappresentano della popolazione dell'Africa è addirittura scesa dal 2,5 all'1,9 per cento: nemmeno due stranieri ogni 100 abitanti, quando già ce n'erano 2,5 ogni 100 abitanti 34 anni prima.

Le cifre assolute dei migranti internazionali, dunque, sono certamente importanti. Le più importanti. Ma possono trarre in inganno. Ciò che in ultima analisi dà la misura del fenomeno dell'immigrazione, e genera al tempo stesso il sentimento comune, il comune sentire delle opinioni pubbliche dei Paesi d'immigrazione, è la proporzione che gli stranieri rappresentano della popolazione di un Paese o di una regione.

Il peso dei migranti internazionali, ovverosia la proporzione che essi rappresentano delle popolazioni dei Paesi di immigrazione in cui si stabiliscono, è del tutto diverso non solo tra Paesi con livelli alti di reddito e Paesi con livelli di reddito medio e basso ma anche, e come conseguenza, tra i continenti. E così come si aveva una suddivisione in due blocchi in relazione al reddito dei Paesi, così si ha una suddivisione in due blocchi in relazione ai continenti. Le migrazioni internazionali disegnano due blocchi del mondo contrassegnati insieme dal reddito e dalla geografia: uno ad alta presenza di stranieri nella popolazione, l'altro a bassa presenza di stranieri nella popolazione. Un mondo grossomodo bipolare nel quale i migranti internazionali passano in consistenti proporzioni dal blocco costituito dai Paesi a medio e basso reddito e dai continenti Africa-Asia-America Latina e Caraibica al blocco costituito dai Paesi ad alto reddito e dai continenti Europa-America del Nord-Oceania. E questo mentre il flusso inverso dei migranti internazionali dal secondo al primo blocco è di proporzioni marginali.

E tuttavia una valutazione della distribuzione geografico-territoriale dei migranti internazionali sulla base della classica ripartizione della terra in continenti (e pur con la suddivisione dell'America in America del Nord e America Centrale, Latina e Caraibica) non è soddisfacente. Tant'è che la Population Division la integra con un'altra distribuzione dei migranti, quella secondo le regioni del mondo, che fornisce un quadro di maggiore dettaglio e apre la strada a considerazioni in parte nuove.

In questa distribuzione secondo le regioni del mondo (Tav. 4) l'Africa e soprattutto l'Asia sono suddivise in macroregioni.

È pleonastico aggiungere che si tratta di una ripartizione del mondo tesa a cogliere caratteri della distribuzione geografico-territoriale dei migranti internazionali che la ripartizione in continenti non consente pienamente di evidenziare.

In effetti, oltre a quanto già abbiamo detto, la Tav. 4 permette di evidenziare che:

a. la macroregione Nord Africa-Asia Occidentale, che include Paesi di fortissima immigrazione come l'Arabia Saudita, gli Emirati Arabi Uniti e più in generale i cosiddetti Paesi del Golfo della Penisola Arabica, oltre alla stessa Turchia, vanta un numero di migranti internazionali (54,1 milioni), secondo solo a quello dell'Europa e analogo a quello degli Stati Uniti, che corrisponde a una proporzione dei migranti internazionali nella popolazione della regione (9,3 stranieri per 100 abitanti) che si differenzia del tutto dai valori dell'Africa e dell'Asia per avvicinarsi a quelli dell'Europa;

b. le regioni dell'Asia Centrale e del Sud e quella dell'Asia dell'Est e del Sudest non solo sono le regioni più popolose del mondo, ma anche quelle in cui gli stranieri rappresentano quote del tutto marginali attorno all'1 per cento, e anche meno, della loro popolazione;

c. la regione dell'Asia Centrale e del Sud, che comprende Paesi estremamente popolosi come l'India, il Pakistan e il Bangladesh, oltre a Paesi che sono delle vere dittature teocratiche, come l'Iran e l'Afghanistan, è la sola al mondo ad aver visto una consistente riduzione degli stranieri residenti tra il 1990 e il 2024 e il dimezzamento della percentuale che essi rappresentano della popolazione della regione, passata da 2 stranieri ogni 100 abitanti a meno di 1 straniero ogni 100 abitanti. Senza voler esagerare il significato di questo dimezzamento, è però impossibile non rimarcare come esso avvenga in Paesi per un lato (a) di grande densità demografica, ovvero di grande affollamento delle popolazioni, e per l'altro (b) dove il periclitare della vita democratica, quando c'è, come dei diritti umani, quando ci sono, produce una miscela ambientale che non attira certo – ammesso e non per tutti gli Stati della regione concesso che fossero i benvenuti – i migranti internazionali;

d. in Oceania è il binomio Australia-Nuova Zelanda a concentrare in sé quasi completamente tanto la popolazione quanto ancor più gli stranieri residenti nel continente, che rappresentano ben il 30 per cento della popolazione di questi due Paesi ma solo poco più del 2 per cento, peraltro in contrazione, della rimanente popolazione del continente, del resto assai scarsa.

I dati visti in questo capitolo (e riportati in dettaglio nelle Tavv. 2, 3 e 4) costituiscono la base imprescindibile della conoscenza della diffusione dei migranti internazionali nel mondo considerata, oltre che da un punto di vista strettamente geografico, anche da un punto di vista generalmente economico. Sotto quest'ultimo aspetto si potrebbe prendere in considerazione anche la classificazione dei Paesi secondo il grado dello sviluppo economico, ma la distribuzione dei migranti internazionali tra le regioni del mondo classificate secondo questo parametro non aggiungerebbe molto alla distribuzione dei migranti tra i Paesi distinti secondo il livello del reddito, della quale abbiamo detto, rischiando di creare, anzi, un inutile sovraffollamento di informazioni.

Si deve piuttosto aggiungere che questi dati serviranno a fornire una cornice più generale di riferimento a quelli che verremo a mano a mano precisando, una cornice che in quanto tale andrà sempre tenuta ben presente.

2
Rotte e corridoi, arterie e capillari dei flussi migratori

1. Da Paese a Paese, da regione a regione: il ruolo della geografia nelle migrazioni

Nel primo capitolo abbiamo visto che la prima grande discriminante dei flussi di migranti è rappresentata dal livello del reddito – e dunque della ricchezza pro capite – dei Paesi del mondo, essendo evidente che al di là delle distanze da coprire nelle migrazioni la tendenza dei migranti sarà comunque quella di cercare di approdare in quei Paesi nei quali, assieme al reddito, e di conserva con esso, maggiori sono le possibilità di lavoro e le opportunità di avere una vita dignitosa. L'altra discriminante è proprio quella della distanza e delle difficoltà che presenta il passaggio da un Paese a un altro in tutti i sensi «distante» – a cominciare dalla distanza più materiale, quella espressa in chilometri o in miglia. Perché se è vero che in linea di massima è il Paese che si ritiene più favorevole alla realizzazione delle proprie prospettive quello verso il quale potendo ci si indirizza, è altrettanto vero che molti possono essere gli impedimenti che si frappongono tra i migranti e le mete che ambirebbero raggiungere. Nel caso dei migranti dall'Africa, per esempio, raggiungere qualche Paese dell'Europa Occidentale appare un'impresa decisamente più complicata per quanti abitano nei Paesi dell'Africa Subsahariana rispetto a quanti abitano nei Paesi dell'Africa del Nord che affacciano sul Mediterraneo. Così, in linea generale le migrazioni su lunghe distanze, e segnatamente quelle da un continente a un altro, presentano difficoltà e problemi, e implicano tempi e risorse, ben più impegnativi delle migrazioni su distanze brevi, tra Paesi se non proprio confinanti almeno relativamente vicini. Ed è del resto questa la ragione per la quale quote importanti dei migranti internazionali si muovono su distanze brevi (compatibilmente col fatto che si tratta pur sempre di migrazioni tra Paesi diversi), che si esauriscono all'interno di una stessa regione, la regione d'origine dei migranti, senza sconfinare in altre.[4]

Alla luce di questa premessa, non dovrebbe meravigliare il fatto che poco meno di un migrante su due lascia il proprio Paese per approdare, e stabilirsi, in un Paese della stessa regione, oltre che a maggior ragione dello stesso continente (Tav. 5). Ma la proporzione di 45 migranti su 100 che, nelle migrazioni internazionali, non lasciano la regione di origine è molto variabile

[4] Europa, Africa Subsahariana, Nord Africa e Asia Occidentale, Asia Centrale e del Sud, Asia dell'Est e del Sudest, America Latina e Caraibica, Nord America, Oceania: sono queste le regioni considerate dalla Population Division in tema di migrazioni internazionali. Chi scrive ritiene che sarebbe opportuno fare della regione Nord Africa e Asia Occidentale, che hanno dinamiche migratorie che non si assomigliano affatto, due regioni distinte. Nel testo si ricorrerà pertanto a questa distinzione.

e si presta a essere piuttosto facilmente equivocata sul piano dell'interpretazione.

È inaspettatamente l'Europa, infatti, a presentare la più alta proporzione di quelli che chiameremo migranti «intraregionali» per distinguerli dai migranti «extraregionali»: ben il 74 per cento di quanti emigrano da un Paese europeo stabilisce la residenza in un altro Paese della stessa Europa. *Mutatis mutandis*: nel 2024 solo il 26 per cento dei migranti europei, praticamente uno su quattro, abitava in un'altra regione del mondo e in un altro continente che non fosse l'Europa. Proporzioni alte di migranti su scala intraregionale hanno anche l'Oceania (il 73 per cento) e l'Africa Subsahariana – il 64 per cento, stando a una pubblicazione della Population Division, ma l'80 per cento secondo i dati pubblicati dalla stessa Divisione.[5]

Tutto il contrario di ciò che succede con i migranti dall'Asia dell'Est e dall'Asia del Sud e Sudest, il 75 per cento dei quali è rappresentato da migranti extraregionali, migranti che lasciano quelle regioni per altre. Proporzioni non molto diverse di migranti extraregionali

[5] Il dato del 64 per cento, riportato nella pubblicazione della Population Division *International Migrant Stock 2024: Key facts and figures*, del gennaio 2025, non quadra con i dati della stessa Population Division riportati nel *Dataset International Migrant Stock* che attestano in Africa Subsahariana 24,3 milioni di migranti internazionali qui residenti dei quali 19,5 milioni originari di Paesi della stessa Africa Subsahariana, pari all'80 per cento dei migranti internazionali che abitano in questa regione. È più realistico il dato dell'80 che non quello del 64 per cento, essendo il primo ricavato direttamente dai dati dei migranti internazionali pubblicati dalla Population Division.

si riscontrano anche tra i migranti dal Nord America (73 per cento) e dall'America Latina e Caraibica (71 per cento).

Detto molto all'ingrosso, ma tanto per estrarre dai dati il succo più evidente del loro significato: europei e africani, assieme agli abitanti dell'Oceania, pressoché concentrati in Australia-Nuova Zelanda, si muovono nell'emigrazione ben più all'interno delle proprie regioni che non verso le altre, mentre americani e asiatici si muovono ben più fuori che non all'interno delle proprie regioni. Geografia ed economia, e il loro combinarsi, sono decisive in questa dicotomia. Un migrante mettiamo dell'Europa dell'Est ha molte possibilità di scelta, tutte relativamente vicine, tra Paesi europei ad alto reddito che sono normalmente anche Paesi che hanno bisogno di migranti tanto sotto l'aspetto demografico che sotto quello economico-produttivo. Un migrante subsahariano, diversamente, ha molte difficoltà a uscire da quella regione per incontrare Paesi che possano offrirgli buone speranze di futuro, cosicché si vede spesso costretto a ripiegare su soluzioni interne alla stessa Africa Subsahariana. Cosicché l'opportunità per i migranti europei e l'impossibilità per quelli subsahariani indirizzano a grande prevalenza quanti emigrano da queste regioni in Paesi all'interno delle macroregioni di appartenenza. Quanto all'Oceania, basta la così evidente geografia a contenere i pochi migranti all'interno della stessa regione.

Tutto il contrario di quanto avviene nelle altre regioni del mondo. Nel Nord America ci sono soltanto, in pratica, due Paesi, il Canada e gli Stati Uniti, ovvio che i migranti da quei Paesi volgano lo sguardo lontano, oltreconfine: non possono fare altrimenti. Lo stesso discorso vale in buona parte anche per le regioni dell'Asia del Sud e dell'Est, essendo assai difficile che un abitante dell'India che vuole emigrare rivolga il suo interesse al Bangladesh o al Pakistan o che un cinese che vuole fare altrettanto guardi alla Mongolia o alla Corea – semmai volgerà il suo interesse al Giappone, della stessa regione, anche se la storica inimicizia tra i due Paesi limita questa prospettiva.

In pratica, per emigrare, e farlo con possibilità di successo, i migranti da quelle regioni sono costretti a indirizzare sguardi e progetti altrove e dunque a lasciare non soltanto il proprio Paese ma la stessa regione di origine e a intraprendere lunghi percorsi, percorrere lunghi corridoi migratori.

Una prima comparazione dei migranti secondo le regioni di origine e quelle di destinazione ci porta a queste considerazioni riassuntive:

a. c'è una forte migrazione dall'Europa, alimentata essenzialmente dall'Europa dell'Est, ma si concentra per i tre quarti nella stessa Europa e solo per un quarto in altri continenti;
b. le migrazioni internazionali sulle lunghe distanze sono alimentate in modo particolarissimo dai migranti asiatici, e segnatamente da quelli dei maggiori Paesi asiatici (dall'India alla Cina, dal Bangladesh al Pakistan alle Filippine), che disegnano «corridoi migratori» tanto verso l'America del Nord che – in misura inferiore, anche se pur sempre ragguardevole – verso l'Europa Occidentale e i Paesi del Golfo della Penisola Arabica;
c. i migranti africani per i due terzi restano in Africa, mentre l'altro terzo ha come meta privilegiata

i Paesi dell'Europa; ancora più internamente alla propria regione si muovono i migranti dall'Africa Subsahariana;

d. I migranti dell'America Centrale e Caraibica cambiano non solo Paese ma regione, pur muovendosi su distanze non necessariamente lunghe, essendo loro ambita e quasi esclusiva destinazione il Nord America (si pensi al Messico: il Paese migratorio per antonomasia, confinante e dunque tutto rivolto verso gli Stati Uniti, eppure appartenente a un'altra regione geografica);
e. i migranti dall'America Latina, che lasciano anch'essi in grande maggioranza la loro regione, guardano invece anche, se non perfino prima, all'Europa;
f. il Nord America è regione quasi esclusivamente di destinazione dei migranti internazionali, essendo pochissimi i migranti da questa regione verso altre regioni del mondo, cosicché non disegna corridoi, ma ne è soltanto il terminale.

2. *Corridoi grandi e piccoli: le vie percorse dai migranti internazionali*

Alla luce degli elementi che abbiamo fin qui presentato si capisce che le strade dei migranti internazionali volgono chiaramente in due direzioni principali: l'America del Nord e l'Europa. Ma c'è una terza direzione, quella che volge verso l'Asia Occidentale e ancora più precisamente verso i cosiddetti Paesi del Golfo della Penisola Arabica, Paesi petroliferi la cui immensa ricchezza non potrebbe essere sfruttata senza la forza lavoro che vi affluisce da fuori.

Quando le strade sono percorse da tanti migranti ecco che finiscono per disegnarsi, se non proprio sulle carte geografiche almeno su quelle della geografia migratoria, veri e propri corridoi che collegano tra di loro regioni del mondo anche molto distanti.

Considerando Nord America da un lato ed Europa dall'altro abbiamo due corridoi che volgono verso il Nord America e due corridoi che volgono verso l'Europa. I corridoi verso il Nord America sono quelli che vengono dall'America Latina e Caraibica (con 27 milioni di migranti che risiedono alla data del 2024 nel Nord America), senza dubbio il corridoio più quantitativamente rilevante tra tutti, e quello che viene dall'Asia dell'Est e del Sudest (12 milioni di migranti residenti nel 2024 in Nord America). I corridoi verso l'Europa sono invece quelli che vengono dal Nord Africa e dall'Asia Occidentale, specificamente dal Medi Oriente (13 milioni), il più importante per l'Europa, e dall'Asia Centrale, particolarmente dalla Cina, e del Sud, particolarmente dall'India e Bangladesh (10 milioni). Mentre il corridoio che alimenta i Paesi del Golfo della Penisola Arabica viene dall'Asia Centrale e del Sud (20 milioni) ed è il secondo per numero di migranti dopo quello dall'America Latina e Caraibica verso il Nord America.

La grande sorpresa che si ricava da questi dati è che la somma dei migranti che hanno percorso questi corridoi per approdare nei Paesi di destinazione al 2024 fornisce un totale di appena 82 milioni, che appare lontanissimo dai 304 milioni di migranti internazionali che a quella stessa data risiedono in Paesi diversi dai loro. Questa autentica voragine si spiega con due ordini di fattori di cui occorre tener bene conto. Il primo, e il più importante, consiste nel fatto che quelli ricordati sono i maggiori tra i corridoi extraregionali, ovvero che collegano due diverse regioni di quelle considerate dalla Population Division e riportate nella nota 4 di p. 53. Ma ci sono molti altri corridoi minori, pur se sempre extraregionali, che non arrivano a 7 milioni di migranti che li hanno percorsi per approdare nei Paesi di destinazione in cui abitavano al 2024. Una mappa dettagliata di questi corridoi porterebbe questo saggio in uno specialismo che avrebbe il solo effetto di oscurare l'importanza dei maggiori corridoi extraregionali appena ricordati.

Il secondo fattore che dà ragione del divario tra gli 82 milioni di migranti arrivati a destinazione percorrendo i più importanti corridoi migratori e i 304 milioni di migranti internazionali presenti nel mondo al 2024 consiste nell'esistenza di corridoi non extra bensì intraregionali che supportano un flusso migratorio quasi altrettanto numericamente importante di quello extraregionale. Va da sé che questi altri corridoi sono ancora più numerosi dei corridoi extraregionali e che in molti casi non si possono considerare neppure dei veri e propri corridoi. In un parallelismo col sistema circolatorio umano i maggiori corridoi extraregionali rappresentano le arterie, mentre i più brevi corridoi intraregionali arrivano a rappresentare fino ai capillari del sistema dei flussi migratori internazionali.

Tutto questo discorso porta a immaginare una rete di corridoi che percorre come una ragnatela il mondo intero. E che tuttavia, per quanto estesa, per quanto ramificata, approda di preferenza nei Paesi ad alto reddito e, geograficamente parlando, in Europa e in Nord America, con l'aggiunta dell'Asia Occidentale, segnatamente nella sua quota rappresentata dai Paesi del Golfo.

3. Chi acquista abitanti, chi perde abitanti

Si incontra a questo punto un tema al quale non possiamo sfuggire, pur se non è il tema principale di questo saggio e dunque non lo tratteremo con l'ampiezza e la profondità che richiederebbe. Lo chiameremo il tema di chi perde e di chi acquista abitanti nel grande e difficile, e che sa essere anche crudele, «risiko» delle migrazioni internazionali.

Tema anche in questo ambito nient'affatto secondario, peraltro. C'è pur sempre un bilancio del dare e dell'avere nei movimenti dei migranti internazionali che non può essere ignorato. La forza attrattiva di un Paese nei confronti degli altri Paesi, e più generalmente nei confronti del resto del mondo, è rappresentata dai migranti internazionali che approdano sul suo territorio; ma c'è anche una forza più generale del Paese, non solo attrattiva nei confronti dell'esterno ma anche nei confronti dell'interno, anche verso i suoi stessi abitanti, ch'è riassunta dal bilancio del movimento migratorio, dal suo saldo – se positivo o negativo e di quanto. È infatti immediato constatare che se un Paese perde molti abitanti sotto forma di emigrati che se ne vanno per il mondo a cercare miglior fortuna, il fatto che ci siano ancor più immigrati che arrivano in quel Paese a colmare i vuoti lasciati da quegli abitanti non fa venir meno il fatto che quegli abitanti – quegli emigrati – rappresentano pur sempre un elemento di criticità al quale le classi dirigenti di quel Paese devono prestare molta attenzione e se possibile dare una risposta.

Abbiamo cominciato la nostra analisi verificando la distribuzione dei migranti internazionali nei Paesi di destinazione distinti secondo il livello di reddito: se alto, medio o basso. Arrivando alla conclusione che quasi 200 dei 304 milioni di migranti internazionali presenti nel mondo al 2024, i due terzi degli stessi, abitano nei Paesi ad alto reddito, che pure non rappresentano che il 15,4 per cento della popolazione mondiale. Conviene partire da qui per completare il quadro, perché anche i Paesi ricchi non si limitano ad acquisire migranti che vengono da Paesi che ricchi non sono, ma anch'essi, e abbiamo già visto l'esempio dell'Italia, hanno abitanti che si stabiliscono altrove, hanno i loro emigrati.

Ecco allora come si presenta al 2024 la situazione dei migranti internazionali distinti in immigrati ed emigrati nell'insieme dei Paesi classificati secondo il livello del reddito.

Tav. 1 testo – Migranti internazionali distinti in immigrati ed emigrati nei Paesi classificati secondo il livello di reddito (valori assoluti in milioni) – anno 2024

Paesi secondo il livello di reddito	migranti internazionali			immigrati per 100 emigrati
	immigrati	emigrati	saldo	
alto	191,1	50,9	140,2	380
medio	89,2	181,4	-92,2	49
basso	14,3	41,1	-26,8	35
non valutato	1,3	8,6	-7,3	15
mondo	**304**	**282**	--	--

A proposito di questa tavola c'è intanto da dire che immigrati ed emigrati non coincidono – come invece dovrebbero, dal momento che un emigrato da un Paese diventa un immigrato in un altro Paese. È importante capire perché.

Ogni Paese conta (o dovrebbe farlo) gli immigrati, gli stranieri che risiedono sul proprio territorio. L'Istat ha una rilevazione annuale corrente con cui aggiorna di anno in anno il numero e certe caratteristiche, tra cui il Paese di origine degli stranieri che risiedono legalmente in Italia. Fin qui l'operazione, ammesso che la si voglia fare o che si abbiano i mezzi e la capacità di farla, non è difficile: teoricamente almeno, basta contare. Ma che succede quando nel computo entrano anche i migranti non regolari, illegali? Di questi migranti è già difficile stimare il numero, figurarsi certe caratteristiche come il Paese da cui provengono. In altre e più semplici parole: un conto è dire che al 2024 ci sono nel Paese X «tot» migranti internazionali, ovvero immigrati, ovvero ancora stranieri; un altro è riuscire a ripartire questo «tot» secondo i singoli Paesi da cui provengono. Così di 304 milioni di immigrati conteggiati nei Paesi in cui risiedono (Paesi di destinazione) solo di 282 milioni conosciamo i Paesi da cui provengono (Paesi di origine). Ma ciò vuol dire che quando passiamo da considerare i migranti come immigrati nei diversi Paesi di destinazione (che conosciamo) a considerare i migranti come emigrati dai loro Paesi di origine (che conosciamo in gran parte, ma non del tutto), si ha una perdita d'informazione dovuta al fatto che per 22 milioni di loro la Population Division non è riuscita a risalire al Paese di origine, cosicché questi 22 milioni di migranti non compaiono nella tavola qui sopra e più in generale nelle tavole i migranti sono classificati secondo il Paese o la regione di origine, *ovvero sono intesi non già come immigrati ma come emigrati da questi Paesi e regioni.*

È questo un limite di accuratezza dei dati, peraltro

difficile da contenere considerando che le stime della Population Division comprendono gli immigrati illegalmente, che non staremo sempre a ricordare, per evitare una litania di ripetizioni alla lunga peggio che fastidiosa, ma il lettore può tenerne conto, sapendo tuttavia che 22 milioni rappresentano pur sempre il 7 per cento di 304 milioni, una perdita di informazione non indifferente ma che non pregiudica analisi, commenti e neppure conclusioni.

Ma ecco quel che c'è da segnalare riguardo ai dati della *Tav. 1 testo*:

a. solo i Paesi con alto reddito hanno un saldo migratorio fortemente positivo; mentre perdono abitanti tanto i Paesi a medio che i Paesi a basso reddito;
b. nei Paesi con reddito alto, che come abbiamo già visto comprendono circa i due terzi di tutti i migranti internazionali presenti nel mondo, gli immigrati sono quasi quattro volte gli emigrati da questi stessi Paesi (380 immigrati ogni 100 emigrati), mentre nei Paesi con reddito medio gli immigrati sono la metà degli emigrati (49 immigrati ogni 100 emigrati) e nei Paesi con reddito basso gli immigrati sono circa un terzo degli emigrati (35 immigrati ogni 100 emigrati).

Il punto (b) ci presenta una scala di proporzioni che non lascia margine alle interpretazioni, ma che pure non ci coglie certo di sorpresa. E tuttavia non si può dire che i dati della *Tav. 1 testo* siano del tutto scontati, che non aggiungano qualcosa alle nostre conoscenze. Ci aspetteremmo, per esempio, un risultato migliore dall'insieme dei Paesi con reddito medio, un bilancio tra emigrati da quei Paesi e immigrati in quei Paesi più vicino al pareggio, mentre invece il distacco tra emigrati e immigrati è enorme e in questi Paesi ci sono 92,2 milioni di emigrati più degli immigrati. Naturalmente questo sta a significare che sono i Paesi con alto livello del reddito a dominare la scena e a fungere da grande polo di attrazione dei migranti internazionali anche dai Paesi che non hanno livelli di reddito bassi o particolarmente bassi. Ma sta altresì a significare che c'è nelle migrazioni moderne una forte componente legata più che alla necessità di emigrare all'opportunità (e alla possibilità) di farlo per raggiungere mete e traguardi, una prospettiva e una qualità della vita, che si stima di non poter raggiungere nei Paesi e nelle regioni di origine.

Neppure si può dire che ci aspettassimo del tutto un attivo così ingente del movimento migratorio dei Paesi ad alto reddito. In questi Paesi ci sono oggi 140 milioni di abitanti in più – pari quasi all'intera popolazione dell'Europa del Sud – dovuti alla differenza tra immigrati in quei Paesi ed emigrati da quei Paesi. Poiché quei Paesi avevano nel 2024 un miliardo e 265 milioni di abitanti, 140 milioni di abitanti in più dovuti a nient'altro che al bilancio migratorio rappresentano un apporto tanto corposo quanto prezioso alla popolazione di Paesi che in maggioranza si trovano alle prese con seri problemi di tenuta e di prospettiva demografica.

Circa 90 di quei 140 milioni di abitanti guadagnati dai Paesi ad alto reddito grazie al movimento migratorio risultano appannaggio, al 2024, dell'Europa e del Nord America. In forte attivo anche altre due regioni: l'Australia-Nuova Zelanda e l'Asia Occidentale, quest'ultima per merito quasi esclusivo dei Paesi del Golfo (Arabia Saudita, Emirati Arabi, Oman, Qatar ecc.) e in subordine della Turchia. Perdono abitanti nel movimento migratorio tutte le altre regioni del mondo, nessuna delle quali, del resto, ad alto reddito. Si deve tuttavia considerare che la perdita di abitanti in queste altre regioni del mondo è pur sempre minima se si considera, per esempio, che i poco più di 92 milioni di abitanti persi dai Paesi a medio reddito non rappresentano che l'1,5 per cento della loro popolazione, che supera i 6 miliardi di abitanti. Singoli Paesi possono perdere anche molto, moltissimo addirittura, a seguito delle migrazioni. Lo si è visto in modo particolare parlando, nel primo capitolo, del lato patologico delle migrazioni, e dunque di Palestina e Ucraina, di Siria e Venezuela, di Sudan e Myanmar e di altri Paesi ancora, ma nell'ambito delle più vaste regioni di cui questi Paesi fanno parte queste perdite si stemperano al punto quasi da cancellarsi; cosicché se non si vanno espressamente a ricercare, sembra quasi che non ci siano e non ci siano mai state.

4. *La convergenza migratoria sull'Occidente*

L'insieme di questi dati e considerazioni conduce alla conclusione forse più importante sui movimenti migratori: *i migranti internazionali rappresentano una realtà davvero significativa, da un punto di vista strettamente quantitativo e altresì demografico, pressoché esclusivamente per i Paesi con alto livello di reddito e per l'Occidente, del resto con questi Paesi largamente coincidente.*

Il guadagno al 2024, grazie ai movimenti migratori

è di 140 milioni di abitanti per i Paesi ad alto reddito e di 100 milioni per l'Occidente considerato come Europa più America del Nord più ancora Australia-Nuova Zelanda. La differenza tra 100 e 140 milioni è dovuta al fatto che l'Occidente comprende Paesi dell'Europa dell'Est (Bielorussia, Ucraina e Moldavia) e del Sud (Bosnia-Erzegovina, Serbia, Albania, Macedonia del Nord e Montenegro) che non sono ad alto ma a medio reddito, mentre non comprende Paesi come il Giappone e i più volte ricordati Paesi del Golfo che sono senz'altro Paesi ad alto, anzi ad altissimo livello di reddito.

Dunque i Paesi ad alto reddito sono i primi beneficiari sul piano dell'aumento di abitanti, ovvero più generalmente sul piano demografico, dei movimenti dei migranti. Più ancora dell'Occidente, che annovera al suo interno Paesi non ad alto reddito mentre non comprende Paesi ad alto reddito non occidentali.

Il reddito dei Paesi è stabilito dalla Population Division sulla base del monitoraggio effettuato costantemente dalla World Bank. In base a questo monitoraggio la Russia rientra, pur se non così agevolmente, nei Paesi ad alto reddito, ma non vi rientra ancora la Cina, confinata tra i Paesi a medio reddito.

Possiamo più convenientemente esprimere i risultati appena sintetizzati con un'ultima precisazione. I Paesi ad alto reddito hanno circa 1,3 miliardi di abitanti, e l'Occidente, inteso come Europa-Nord America e Australia-Nuova Zelanda, non arriva a 1,2 miliardi degli oltre 8,1 miliardi della popolazione mondiale al 2024: rispettivamente 140 e 100 milioni di abitanti in più, dovuti all'eccesso di immigrati sugli emigrati, rappresentano una posta che si fa sentire, che incide sulla demografia e, a cascata, su tutti gli aspetti economico-sociali di quei Paesi e regioni del mondo. Diversamente, una perdita di abitanti della stessa entità però ripartita tra gli altri 6,8-6,9 miliardi di abitanti della terra non rappresenta un vero fattore di indebolimento della demografia e di tutti i fenomeni connessi alla demografia per le altre regioni e continenti del mondo. Cosicché la lezione ultima e definitiva, e altresì quella più importante, che si ricava dall'insieme dei dati che riguardano i movimenti migratori, è appunto questa: in rapporto agli abitanti delle regioni del mondo i saldi dei movimenti migratori internazionali comportano consistenti variazioni in più degli abitanti pressoché esclusivamente per l'Europa (ma meglio è dire, come vedremo, per l'Europa Occidentale, con l'esclusione dell'Europa dell'Est), il Nord America e l'Australia-Nuova Zelanda – oltre che per l'Asia Occidentale (Paesi del Golfo). Mentre incidono pressoché insensibilmente con variazioni in meno sugli abitanti delle regioni dell'Asia e della stessa Africa, e solo un poco più consistentemente sugli abitanti dell'America Latina e Caraibica.

L'Asia perde parecchie decine di milioni di abitanti nei movimenti migratori, che però corrispondono grosso modo all'1 per cento della sua enorme popolazione; il 2 per cento della sua popolazione perde nei movimenti migratori l'Africa e solo l'America Latina e Caraibica perde in essi quasi il 5 per cento della sua popolazione. Naturalmente all'interno di queste regioni, ripetiamolo ancora per non essere tacciati di pressappochismo, ci sono Paesi che si sottraggono a questa considerazione generale e nei quali i movimenti migratori rappresentano una realtà nient'affatto marginale di impoverimento – si tratta in modo particolarissimo di quei Paesi di cui abbiamo parlato nel primo capitolo, percorsi da guerre e conflitti, nel pieno di crisi al tempo stesso geopolitiche e umanitarie.

Cosicché i movimenti migratori appaiono fiumane inarrestabili che si riversano nei Paesi più sviluppati perché vediamo il fenomeno dalla sponda occidentale, e da questa sponda non è del tutto ingiustificato che succeda così perché i migranti internazionali rappresentano *effettivamente* delle quote consistenti della popolazione occidentale in quanto è qui, in Occidente, che finiscono per approdare le rotte migratorie – in Occidente e, non casualmente, in una regione dell'Asia ch'è giustappunto l'Asia Occidentale. Rotte che per quanto esigue possano essere o apparire nei punti di partenza, e non necessariamente è così, intendiamoci, unendosi nei punti di arrivo – l'Europa, segnatamente Occidentale, il Nord America, l'Australia-Nuova Zelanda, l'Asia Occidentale –, comportano quelle decine e decine di milioni di migranti internazionali, di stranieri, che tanta parte hanno nel dibattito politico e culturale e che tanto impegnano i governi dei Paesi dei quali rappresentano ingenti quote della popolazione.

«Il parametro decisivo della nostra condizione geopolitica è la somma dei fattori demografici e biologici» scrive «Limes». «A metà secolo noi italiani saremo 54 milioni – in declino galoppante verso i 45 milioni del 2080 – contro gli almeno 2 miliardi sparsi tra Africa Boreale e Levante. La nostra età mediana si prevede superiore ai 50 anni, contro i circa 25 di chi busserà alla nostra porta. Non si previene questa crisi coi carri armati.»[6]

[6] *L'ordine del caos*, «Limes», gennaio 2025, p. 25.

È, quello di «Limes», giusto il modo di guardare al fenomeno dalla sponda occidentale; angolazione imprescindibile, indubbiamente, oltretutto essendo questa rivista un autorevolissimo mensile occidentale di geopolitica. Ma l'angolazione distorce, o prende la mano. Intanto, va da sé, di fronte ai due miliardi sparsi tra Africa Boreale e Levante, non c'è solo l'Italia. Vero che «Limes» non ha molta stima dell'Unione Europea, ma indiscutibilmente è l'Unione Europea il soggetto che avrà un ruolo sempre più decisivo nella grande partita dei flussi migratori dall'Africa Boreale e dal Levante. La rivista parla poi di crisi, per dire che non la si previene (nel suo svolgimento) coi carri armati. Facile capire, dal tono del discorso, che si ritiene non solo questa crisi una crisi in atto, ma quasi inarrestabile nei suoi sviluppi. Ma i numeri dicono: (a) che i migranti da quelle regioni rappresentano complessivamente meno del 2 per cento della loro popolazione e (b) giocano più a nostro favore – dell'Italia, dell'Unione Europea, dell'Occidente – che non a nostro sfavore, proprio alla luce delle assai poco promettenti previsioni demografiche che ci riguardano.

L'immagine così cara a quanti si interessano di questi problemi dei migranti che «bussano alle nostre porte» è a un tempo realistica ed eccessiva. Realistica perché questo bussare c'è, è innegabile; eccessiva perché il bussare non svuota – se non limitatamente ad alcune eccezioni legate non già all'emigrazione in sé ma a situazioni di guerre ed emergenze umanitarie – le terre dalle quali provengono quanti bussano alle nostre porte e può essere controllato e incanalato. Cosa sarà non possiamo dire, anche se abbiamo azzardato delle previsioni alla luce delle tendenze più recenti dei movimenti migratori. È realistico ipotizzare che la popolazione dell'Europa Occidentale sarà costituita tempo 25-30 anni per il 25 per cento di stranieri. Proporzione impegnativa, molto impegnativa, ma certamente non impossibile da fronteggiare. E soprattutto una proporzione se non proprio necessaria neppure ridondante per tenere la popolazione europea, e italiana in modo particolarissimo, sulla linea di galleggiamento, impedendole di inabissarsi.

3
Europa Occidentale vs Stati Uniti

1. *Gli anni e i modi del grande sorpasso*

È il momento di lasciare i più generali scenari mondiali dei migranti per impugnare la lente di ingrandimento e volgerla sul confronto che di questi scenari rappresenta il centro che meglio li riassume e che improntera, con le sue vicende e i suoi sviluppi, presente e futuro delle migrazioni.

Come abbiamo già accennato parlando di corridoi migratori e come vedremo più approfonditamente in seguito, Europa e Nord America attraggono entrambe migranti ma non dalle stesse regioni del mondo; sembra quasi di assistere, anzi, a una spartizione controllata dei migranti internazionali da parte delle due grandi aree di immigrazione.

Ora, l'obiettivo di questo saggio non è solo quello di mostrare quantità, origini e destinazioni dei migranti internazionali, ovvero le direzioni dei flussi migratori, ma anche, ponendo il *focus* su regioni e Paesi in cui di preferenza si stabiliscono i migranti internazionali, quello di verificare se ed entro quali limiti si possa parlare di processi di melting pot, di un nuovo melting pot in atto in certi Paesi e regioni del mondo. Paesi e regioni che, per quello che abbiamo visto, non possono che essere Paesi e regioni dell'Occidente.

La Population Division non ha in nota questo tema, al quale non accenna nelle sue pubblicazioni, chissà se dandolo per scontato, mentre invece a parere di chi scrive questo del melting pot – pur se di un nuovo tipo di melting pot, sulla cui definizione si potrebbero anche sollevare dubbi – è destinato a diventare, se già non lo è, un aspetto assai importante, e assai delicato, delle nuove migrazioni internazionali.

Quanto la Population Division sia lontana da questo tema è dimostrato del resto dall'aver essa, esaminando destinazioni e origini dei migranti internazionali, posto sotto un'unica voce, tra le regioni del mondo – si torni alla Tav. 4 dell'*Appendice statistica* – l'Europa e l'America del Nord, considerando la prima, peraltro, al gran completo, Russia compresa. Mentre la specificità di questo saggio sta proprio nel distinguere non solo tra Europa e America del Nord ma, ancor più particolarmente, tra Europa Occidentale da un lato e Stati Uniti dall'altro, per mostrare come sia ormai in atto uno *spostamento del baricentro* dei flussi dei migranti internazionali che implica un parallelo spostamento degli stessi processi di melting pot. Dove, sia chiaro, spostamento significa soltanto che quei processi hanno oggi e avranno più ancora domani, almeno secondo le nostre previsioni, una maggior forza nell'Europa Occidentale che negli Stati Uniti, non certo che spariranno da una parte per concentrarsi nell'altra.

Ma perché mai appuntare tutta l'attenzione su questi due poli, trascurandone altri? A maggior ragione quando i dati dicono che gli stranieri rappresentano il 30 per cento della popolazione dell'Australia-Nuova Zelanda, e addirittura il 52 per cento della popolazione dei Paesi del Golfo?[7]

Intanto c'è da dire che le dimensioni hanno un valore parlando di migranti internazionali e melting pot. E le dimensioni degli abitanti dell'Australia-Nuova Zelanda, attorno ai 32 milioni nel 2024 (di cui 27 milioni solo quelli dell'Australia, il vero polo migratorio tra i due Paesi) non sono tali da garantire un'adeguata riflessione sul tema in questa regione, oltretutto alla luce della sua *solitudine*, dell'essere cioè non interrelata con nessun'altra realtà geografico-territoriale e dunque chiusa in se stessa.

Ogni possibilità di melting pot è invece esclusa a prescindere ancor prima che dai numeri dall'essenza stessa delle correnti migratorie verso i Paesi del Golfo, costituite da migranti con periodi di permanenza definiti in base a contratti di lavoro per la realizzazione di progetti conclusi i quali torneranno nei Paesi di origine, sostituiti da altri contingenti di lavoratori con altri contratti per progetti conclusi i quali a loro volta se ne andranno da quei Paesi. Si tratta di una forma particolarissima d'immigrazione, ch'è insieme volatile e stabile nel tempo – tant'è che la stessa proporzione di stranieri nella popolazione, attorno al 50 per cento, si ha da molti decenni – e che torna utile a tutti, a cominciare dagli stessi Paesi del Gol-

[7] Arabia Saudita, Bahrein, Emirati Arabi Uniti, Kuwait, Oman, Qatar – i Paesi del Golfo – avevano, al 2024, 58,7 milioni di abitanti, tra i quali 30,6 milioni di immigrati, pari al 52 per cento della loro popolazione.

fo, che non vorrebbero mai una prevalenza degli stessi stranieri stabilizzati entro i propri confini.

In conclusione l'attenzione non può che accentrarsi sull'Occidente rappresentato da Europa e America del Nord, centro dei più considerevoli flussi di migranti che vi si stabiliscono in alte proporzioni anche e proprio in via definitiva. E più ancora, all'interno di questo Occidente, sull'Europa Occidentale e sugli Stati Uniti: il centro del centro dell'Occidente che affaccia sulle due sponde dell'Atlantico.

Ora, per entrare più nello specifico, che Europa Occidentale e Stati Uniti costituiscano delle autentiche calamite dei flussi migratori è presto detto: Europa Occidentale e Stati Uniti, che insieme hanno poco più di 800 milioni di abitanti, pari a meno di un decimo della popolazione mondiale, ospitano sul loro territorio, al 2024, 128 milioni di migranti internazionali, pari al 42,4 per cento del totale mondiale degli stessi. La percentuale che gli stranieri rappresentano della popolazione di Europa Occidentale e Stati Uniti assieme considerati, pari al 15,9 per cento (quasi 16 stranieri ogni 100 abitanti) è ancora più alta, sia pure di poco, di quella che gli stranieri rappresentano della popolazione dei Paesi ad alto reddito (15,7 per cento). Cosicché, concentrare l'attenzione su Europa Occidentale e Stati Uniti, e sul loro confronto, equivale a inoltrarci nella sostanza più intima delle migrazioni e dei migranti, lasciando perdere tutto ciò che è superfluo o secondario per puntare al cuore del fenomeno.

Del resto, in quali altre regioni del mondo si sente parlare con tanta insistenza, accenti accorati, passionalità e animosità perfino, di migrazioni e migranti, di stranieri, come in Europa Occidentale e negli Stati Uniti? In quali altri si programmano, o si cerca il modo di farlo, i contingenti di migranti in entrata al fine di supportare demografie ed economie claudicanti per mancanza di abitanti delle età giuste? In quali sono venuti determinandosi nell'opinione pubblica schieramenti contrapposti sul modo di guardare ai migranti capaci di influire significativamente anche sui risultati delle elezioni e la formazione dei governi?

128 milioni di stranieri internazionali presenti alla data del 2024 tra Europa Occidentale e Stati Uniti in una popolazione complessiva di 805 milioni di abitanti si fanno sentire eccome. Impossibile non fare i conti con un fenomeno di queste dimensioni, di questa portata, a maggior ragione se tutto lascia intendere, a cominciare proprio dalle necessità oggettive – demografiche ed economico-produttive –, che il fenomeno sia destinato a crescere ancora, e non di poco.

Ma vediamo meglio che cosa è successo tra il 1990 e il 2024. Perché è in questo frattempo che si è verificato il sorpasso dell'Europa Occidentale sugli Stati Uniti, quello *spostamento del baricentro* dei flussi dei migranti internazionali ch'è anche uno spostamento in senso più europeo che americano dei nuovi processi di melting pot.

Nel 1990 dei 154 milioni di immigrati internazionali allora presenti nel mondo 29,1 milioni abitavano e vivevano nell'Europa Occidentale e 23,3 milioni negli USA. Dunque già allora gli immigrati erano in maggior numero in Europa Occidentale. Ma in virtù della maggiore popolazione europea rispetto a quella americana si avevano 8 stranieri ogni 100 abitanti nell'Europa Occidentale contro 9,2 stranieri ogni 100 abitanti negli Stati Uniti: l'intensità della presenza degli stranieri era ancora significativamente più forte nella popolazione americana che in quella europea. Più di trent'anni dopo, nel 2024, dei 304 milioni di migranti internazionali presenti nel mondo quelli che abitano e vivono nell'Europa Occidentale sono saliti a 75,4 milioni mentre negli Stati Uniti sono saliti a 52,4 milioni. L'aumento è stato del 125 per cento negli Stati Uniti, ma del 159 per cento nell'Europa Occidentale. Cosicché oggi si hanno 16,4 stranieri ogni 100 abitanti nell'Europa Occidentale contro i 15,2 stranieri ogni 100 abitanti degli Stati Uniti. Non solo, dunque, gli stranieri residenti in Europa Occidentale sono aumentati considerevolmente di più e sono oggi circa 23 milioni più numerosi che negli Stati Uniti, ma mentre nel 1990 rappresentavano una proporzione della popolazione europea più piccola oggi ne rappresentano una più grande di quella che gli stranieri rappresentano della popolazione degli Stati Uniti. L'incidenza degli stranieri nella popolazione dell'Europa Occidentale è passata dall'8 al 16,4 per cento, ovvero è più che raddoppiata; mentre l'incidenza degli stranieri nella popolazione degli Stati Uniti è passata dal 9,2 al 15,2 per cento, molto al di sotto di un raddoppio. Già l'Europa Occidentale vantava nel 1990 una presenza di stranieri più numerosa di quanto non fosse negli Stati Uniti, oggi vanta anche un «peso» (l'incidenza) degli stranieri nella sua popolazione superiore a quello che hanno gli stranieri nella popolazione degli Stati Uniti. Cosicché se prima l'Europa Occidentale vantava più stranieri degli Stati Uniti solo in virtù della sua maggiore popolazione oggi non è più così, e mentre sul suolo americano ci sono 152 stranieri immigrati ogni mille abitanti su quello europeo occidentale ce ne sono 164 ogni mille abitanti: in proporzione esattamente il 10 per cento in più.

Il sorpasso dell'Europa Occidentale sugli Stati Uniti per quanto riguarda la presenza di stranieri residenti sia in termini assoluti che in termini di incidenza degli stranieri nelle rispettive popolazioni non si configura dunque come un autentico spossessamento del ruolo degli Stati Uniti da parte europea in quest'ambito, considerando che il distacco a favore dell'Europa Occidentale è comunque contenuto. E tuttavia questo distacco, pur se non eclatante, è accentuato dalla ben diversa dinamica della presenza di stranieri nelle due aree geografiche negli ultimi anni. In particolare nei quattro anni tra il 2020 e il 2024 gli stranieri residenti negli USA sono aumentati di 1,9 milioni, mentre gli stranieri residenti nell'Europa Occidentale sono aumentati di 8,6 milioni, ovvero un aumento 4-5 volte superiore a quello degli Stati Uniti. È peraltro da considerare che sia l'Europa del Nord (+2,3 milioni di stranieri tra il 2020 e il 2024) che quella del Sud (+2,4 milioni) e ancor più quella Continentale (+3,9 milioni) hanno tutte registrato un aumento degli stranieri superiore a quello degli Stati Uniti pur avendo da un terzo a poco meno della metà dei suoi abitanti. Stando a queste cifre è ben più comprensibile il timore per gli stranieri che percorre certe vene dell'opinione pubblica dell'Europa Occidentale che non quello che percorre gli Stati Uniti – ma al riguardo si deve aggiungere che c'è nell'immigrazione verso gli Stati Uniti, come vedremo, un elemento di pericolosità più alto che nell'immigrazione verso l'Europa Occidentale.

Si obietta però che su queste cifre pesa in modo decisivo la diaspora ucraina a seguito della guerra d'invasione di Putin contro quel Paese. Una ripercussione di questa guerra sugli emigrati dall'Ucraina in Europa

Occidentale indubbiamente c'è stata, ma non così vistosa come si tende a credere (Tav. 6).

È vero che da meno di un milione nel 2020 gli ucraini residenti nell'Europa Occidentale sono passati a 3,5 milioni nel 2024, con un aumento di ben 2,6 milioni a seguito della guerra in quel martoriato Paese. Aumento che non dà peraltro l'idea dello scardinamento del popolo ucraino dalle sue radici provocato dalla guerra: ai 3,5 milioni di ucraini che vivono nei Paesi dell'Europa Occidentale occorre infatti aggiungere i 5,3 milioni di ucraini che vivono nei Paesi dell'Europa dell'Est che non sono l'Ucraina. Ma è altresì immediato verificare come, se pure togliessimo dall'aumento di 8,6 milioni di stranieri in Europa Occidentale verificatosi nel periodo 2020-2024 l'aumento di 2,6 milioni rappresentato dagli ucraini in fuga dalla loro terra, resterebbe pur sempre un aumento di 6 milioni di stranieri in Europa Occidentale ch'è oltre tre volte quello di 1,9 milioni registrato nello stesso periodo dagli stranieri che vivono negli Stati Uniti. La sostanza non cambierebbe di molto. Per non dire che, questa di depurare l'aumento degli stranieri in Europa Occidentale dagli immigrati ucraini è operazione assai opinabile in quanto da sempre i movimenti migratori sono sospinti non soltanto da desideri, slanci e bisogni individuali ma anche da tragedie collettive, da conflitti e guerre su scala più o meno ampia, e mai si è pensato di valutare l'intensità di questi movimenti migratori depurata dagli effetti che su di essa esercitano, appunto, conflitti e guerre.

Piuttosto, il confronto Europa Occidentale vs Stati Uniti in tema di migranti internazionali potrebbe sembrare inficiato dall'artificiosità dell'Europa Occidentale, ovvero dall'aver sottratto, come abbiamo fatto, dall'Europa in quanto continente, la regione, peraltro più grande e popolosa, dell'Europa dell'Est. Se infatti si prendesse tutta l'Europa, Russia compresa, la proporzione rappresentata dagli stranieri scenderebbe dal 16,4 della popolazione dell'Europa Occidentale al 12,6 della popolazione dell'intera Europa, ben al di sotto del valore statunitense del 15,2 per cento.

Cosicché, ed ecco il punto di approdo della possibile obiezione, l'Europa sopravanza gli Stati Uniti solo perché si è pensato bene di mutilarla, per così dire, della sua regione orientale, l'Europa dell'Est.

Il fatto è, per rispondere all'obiezione, che la considerazione della sola Europa Occidentale (Europa del Nord più Europa del Sud ed Europa Continentale), con l'esclusione dunque dell'Europa dell'Est, è tutt'altro che un sotterfugio per presentare i dati nel modo ch'è più favorevole alla tesi del sorpasso dell'Europa sugli USA in fatto di migranti internazionali che abitano nelle due aree geografiche e anche, e a maggior ragione, e vedremo perché, in fatto di melting pot.

Si deve innanzi tutto ricordare che la suddivisione dell'Europa nelle quattro regioni di cui parliamo è universalmente accettata, tant'è che proprio la Population Division si preoccupa di presentare i dati non semplicemente per ciascun Paese europeo e per l'insieme dell'Europa ma anche per ciascuna delle quattro regioni d'Europa, cosicché è perfettamente ammissibile ricorrere a una loro aggregazione. In secondo luogo, sono le vicende storiche, e segnatamente quelle relative all'URSS e alla sua più stretta area di influenza, interna a quella che era universalmente conosciuta come la «cortina di ferro», ad avere impresso la diversità in termini di diritti, libertà e istituzioni democratiche dell'Europa dell'Est rispetto alle altre regioni dell'Europa che, dalla caduta del muro di Berlino (1989) e con le politiche dell'Unione Europea, si cerca di superare – lasciando tuttavia la Federazione Russa, e non solo essa, fuori da un tale obiettivo e dal processo che questo obiettivo mira a raggiungere.[8] In terzo luogo, infine, sono le stesse dinamiche migratorie dell'Europa dell'Est a ribadire una tale diversità rispetto al resto d'Europa, il che ancor più legittima la separazione che abbiamo adottato e la sola considerazione dell'Europa Occidentale come regione di confronto con gli Stati Uniti sui temi dei migranti internazionali e dei processi di melting pot ch'essi possono innescare. L'Europa dell'Est è infatti l'unica delle quattro regioni d'Europa nella quale gli stranieri qui residenti (a) diminuiscono considerevolmente, in valori assoluti e in rapporto alla popolazione, tra il 1990 e il 2024 e (b) rappresentano nel 2024 una quota della popolazione (il 6,5 per cento) distantissima dalla quota che essi rappresentano nelle altre regioni dell'Europa e nell'intera Europa Occidentale (16,4 per cento).

In conclusione, nell'esclusione dell'Europa dell'Est dall'Europa, al fine di valutare la presenza di migranti internazionali, non c'è niente di forzato, e la restrizione del confronto, in questa materia, all'Europa Occidentale e agli Stati Uniti non è che la logica conseguenza della storia e di uno stato delle cose ch'è ancora fortemente influenzato da quella storia.

[8] Federazione Russa che ha peraltro ribadito non solo la sua estraneità all'Occidente ma la sua ostilità all'Europa, e segnatamente all'Unione Europea, con la proditoria guerra di aggressione all'Ucraina.

2. *I Paesi alfieri del sorpasso*

È senz'altro improprio parlare di destinazioni «preferite» dai migranti internazionali, perché messa così la cosa sembra quasi che i migranti, tutti i migranti, possano liberamente scegliere tra più opzioni quella che più li convince e meglio si adatta alle loro necessità e alle loro aspirazioni, mentre chiaramente non è così. Eppure è innegabile, come abbiamo già detto, che certi Paesi e regioni esercitano una forte capacità di attrazione dei flussi dei migranti e che quindi si possa in qualche modo pensarli come delle mete effettivamente agognate dai migranti, che *di preferenza* guardano a essi e cercano di raggiungerli. Questa capacità di attrazione naturalmente non è definita una volta per tutte, anzi non fa che cambiare col tempo e le circostanze. Negli Stati Uniti nei quattro anni tra il 2020 e il 2024 essa è stata, almeno in confronto a un passato anche relativamente recente, molto debole. Infatti l'aumento di 1,9 milioni di migranti internazionali registrato negli Stati Uniti in questi anni corrisponde a un incremento medio annuo degli stranieri che vivono e risiedono negli USA inferiore all'1 per cento: un incremento percentuale modesto in sé e ch'è appena un quarto di quello registrato nello stesso periodo dall'Europa Occidentale (aumento degli stranieri pari al 3,2 per cento annuo) e, cosa del tutto inaspettata, un terzo di quello mondiale (aumento del 2,6 per cento annuo).

Possiamo allora concludere che il grande polo attrattivo dei migranti internazionali rappresentato da sempre dagli Stati Uniti si è fortemente attenuato, indebolito, negli ultimissimi anni, proprio quando più accesa è stata la polemica politico-culturale sul tema?

E quando, con la presidenza Trump, è stata messa in atto una politica più repressiva dei flussi dei migranti segnatamente sul confine con il Messico, affidato alla diretta responsabilità dei comandi militari e delle forze armate?

Dal momento che Trump è salito alla Casa Bianca per il suo secondo mandato solo nel febbraio 2025 i dati del 2024 non risentono delle sue ultime mosse e quelli del periodo 2020-2024 sono piuttosto attribuibili all'amministrazione Biden, cosicché è nel corso di questa amministrazione che si è assistito a un considerevole rallentamento dei flussi di migranti internazionali in entrata negli USA e in modo particolare di quelli provenienti dal Messico, che sono aumentati a un ritmo annuo di appena lo 0,15 per cento, di poco superiore allo zero: in pratica sono rimasti quelli che erano.

Ma è proprio quest'ultimo risultato, che si ricava direttamente dai dati della Population Division, a suscitare non poche perplessità in quanto (a) pressoché tutti gli analisti danno l'immigrazione dal Messico negli Stati Uniti in forte crescita proprio nei quattro anni dell'amministrazione Biden;[9] e (b) l'allarme sollevato

[9] In *Ultimatum al Messico: «Chiudete le frontiere o ve le chiudiamo noi»* («Limes», gennaio 2025), Lorenzo Di Muro si spinge a dire che «nessuna questione interna, inflazione a parte, è più importante per l'elettorato americano della sicurezza confinaria e migratoria. E i quattro anni di Biden, durante i quali gli ingressi irregolari sono triplicati, malgrado la flessione registrata negli ultimi mesi di campagna elettorale, hanno rincrudito tale percezione». Ma da nessun rapporto della Population Division si può ricavare che «gli ingressi irregolari sono triplicati».

dai migranti internazionali negli Stati Uniti avrebbe raggiunto il suo massimo proprio nel momento in cui, a stare alle stime della Population Division, l'incremento medio annuo degli immigrati negli degli Stati Uniti ha toccato il valore più basso da moltissimi anni a questa parte.

Trattasi di *querelle* che non possiamo approfondire, ma riteniamo che si possa ragionevolmente escludere che la stima dei migranti messicani residenti negli Stati Uniti al 2024 – che ammonta a ben 11,3 milioni –, forse la più importante tra tutte le stime di migranti, anche in ragione della sua intrinsecamente superiore delicatezza per la massiccia infiltrazione dei cartelli della droga nell'immigrazione dal Messico agli Stati Uniti, sia stata clamorosamente sbagliata dalla Population Division. Le periodiche sessioni della Commission on Population and Development, tra cui una recentissima proprio sull'immigrazione, si svolgono sulla base dei dati forniti dalla Population Division: tutto il mondo discute e produce documenti ufficiali di analisi e indirizzo affidandosi a dati sbagliati? E per di più senza che nessuno se ne accorga, denunci la cosa? Piuttosto improbabile; più probabile è che sull'immigrazione messicana negli Stati Uniti, in buona parte illegale e dunque tutt'altro che facilmente conoscibile, si sia venuta innestando una narrazione che la vede sempre più cospicua, inarrestabile.

Non si può, concludendo su questo punto, rigettare il dato mediocre dell'immigrazione negli Stati Uniti negli ultimi anni solo perché non collima con le sensazioni che ci portiamo dietro, sollecitate da tanta pubblicistica al riguardo. Gli Stati Uniti hanno registrato un aumento degli stranieri immigrati fin quasi alla fine del secolo scorso superiore a quello di tutte le altre regioni del globo; ma dopo non è stato più così. Una volta entrati negli anni Duemila l'Europa Occidentale ha preso a rubare la scena e ha ribaltato la situazione fino a risultare decisamente la prima regione del mondo, nel 2024, per numero di migranti internazionali, tanto in valore assoluto che per l'incidenza che essi rappresentano nella popolazione.

Ciò è tanto vero che nella graduatoria dei primi dodici Paesi col maggior numero di stranieri immigrati, i soli che al 2024 avevano oltre 6 milioni di immigrati – nell'ordine: Stati Uniti, Germania, Arabia Saudita, Inghilterra, Francia, Spagna, Canada, Emirati Arabi Uniti, Australia, Russia, Turchia, Italia –, ben cinque sono Paesi dell'Europa Occidentale. Impressiona, oltretutto, che il secondo, il quarto, il quinto e il sesto posto della graduatoria, ovverosia tutta la parte alta della stessa, sia per i due terzi occupata da Paesi dell'Europa Occidentale: segno evidente dell'affermarsi di una primazia di questa regione nella capacità di attrarre e integrare gli stranieri delle altre parti del mondo. Non abbiamo usato a caso il verbo «integrare», essendo evidente che se non ci fosse anche questa capacità (che ovviamente non possiamo per questo considerare come se non potesse essere ulteriormente migliorata) gli stranieri non continuerebbero ad aumentare in questa regione ai ritmi che abbiamo documentato. Beninteso, c'è senz'altro una convenienza dell'Europa Occidentale, demografica prima di tutto, a un aumento entro certi limiti degli stranieri sul suo territorio, in caso contrario l'Europa Occidentale, segnatamente nella sua versione istituzionale di Unione Europea, adotterebbe politiche ben più rigorose e restrittive che ne limiterebbero più decisamente l'ingresso. Ma resta il fatto che nella graduatoria dei 12 Paesi del mondo con più di 6 milioni di stranieri ben 5 sono Paesi dell'Europa Occidentale, la Germania è seconda dietro ai soli Stati Uniti, mentre Inghilterra, Francia e Spagna occupano le posizioni immediatamente a ridosso del podio, completato dalla terza posizione dell'Arabia Saudita (Tav. 8).

In questa classifica c'è anche la Russia, al decimo posto della graduatoria, due posizioni sopra l'Italia, ch'è ultima. La Russia deve la sua presenza nella graduatoria solo all'ammontare, pur se in diminuzione, a 145 milioni di abitanti della sua popolazione: infatti gli stranieri presenti in Russia sono 5,3 ogni 100 abitanti, un valore senz'altro superiore alla media mondiale di 3,7 stranieri ogni 100 abitanti e tuttavia lontanissimo da quelli degli altri Paesi della graduatoria. Verità vuole che si annoti, comunque, il vero e proprio baratro che separa il valore della Russia da quello della Cina di 1,1 stranieri presenti sul suo territorio ogni mille – non cento ma mille – abitanti. La Russia si colloca dunque, anche in rapporto ai migranti internazionali, a metà strada tra Occidente e Oriente, tra Europa e Asia. Una conclusione che sembra avvalorare ciò che vediamo del gigante russo – per la verità, con Putin, assai più volto a Oriente che non a Occidente.

Un'ultima annotazione ci riguarda da vicino. L'Italia è il Paese che chiude la graduatoria, dodicesima per numero di stranieri residenti, e che non brilla particolarmente neppure come proporzione di stranieri nella popolazione, che si attesta all'11 per cento, assai distante dal valore di 16,4 stranieri ogni 100 abitanti dell'Europa Occidentale e da quello dei quattro Paesi dell'Europa Occidentale che la precedono in graduatoria: Germania (19,8 stranieri per 100 abitanti), Spagna (18,5 per cento), Inghilterra (17,1 per cento) e Francia (13,8 per cento).

Ma questa posizione e questa incidenza degli stranieri nella popolazione italiana non dicono tutto della presenza dei migranti internazionali in Italia, e di come questa presenza è venuta maturando.

L'Italia è infatti il Paese in cui, nell'ambito dei Paesi con più di 6 milioni di stranieri residenti al 2024, si è avuto il maggior incremento, secondo solo a quello della Spagna, dell'incidenza degli stranieri nella popolazione tra il 1990 e il 2024, passati a rappresentare dal 2,7 all'11 per cento dei suoi abitanti: più di quattro volte l'incidenza che gli stranieri avevano nella popolazione italiana all'inizio del periodo considerato (Tav. 9). Quasi un incremento *monstre*. Si consideri, infatti, che mentre l'incidenza degli stranieri nella popolazione italiana passava dal 2,7 all'11 per cento, più che quadruplicando, essa aumentava solo dal 2,9 al 3,7 per cento a livello mondiale e raddoppiava (dall'8 al 16,4 per cento) nell'Europa Occidentale: aumento indubbiamente considerevole, e tuttavia in proporzione solo la metà di quello italiano.

La velocità con cui è progredita l'incidenza dei migranti internazionali nella popolazione italiana, più che quadruplicata in 34 anni, ha senz'altro contribuito a dare della presenza degli stranieri in Italia l'impressione di una sorta di marea montante e inarrestabile che oggettivamente essa non possiede in sé e meno ancora in confronto alla presenza degli stranieri nei maggiori Paesi dell'Europa Occidentale e di quest'ultima nel suo complesso. Resta il fatto che questo aumento proporzionalmente superiore a quello di quasi tutti gli altri

Paesi occidentali (ma si deve considerare che è così perché l'Italia partiva, nel 1990, da un livello assai basso di immigrati e di incidenza degli immigrati nella sua popolazione) ha dato più di una freccia all'arco di quanti hanno teso a rappresentare l'immigrazione in Italia per quello che non è: eccessiva e disordinata, fuori controllo.

3. *Europa vs Stati Uniti. I dati di base*

Nella graduatoria dei primi dodici Paesi col maggior numero di stranieri immigrati, al settimo posto troviamo il Canada, con 8,8 milioni di stranieri immigrati, pari a più del 22 per cento della sua popolazione. Cosicché dei due Paesi dell'America del Nord, oltre agli Stati Uniti pure il Canada ha una posizione di preminenza in fatto di stranieri immigrati. La qual cosa ci fa naturalmente sospettare che se confrontassimo l'Europa Occidentale con l'intera America del Nord il suo primato verrebbe meno. Ma non è così: si indebolisce, è vero; le percentuali di stranieri sulle rispettive popolazioni si avvicinano, ma l'Europa Occidentale si conferma la regione del mondo con la più alta incidenza di migranti internazionali nella popolazione (16,4 per cento) anche rispetto all'America del Nord presa nel suo complesso (15,9 per cento).

Piuttosto, la stessa presenza del Canada tra i Paesi che rappresentano grandi mete per i migranti rafforza l'idea di una *megaregione* cuore pulsante delle migrazioni internazionali: perché i numeri questo dicono, da qualunque angolazione li si guardi, e perché se di nuovo melting pot, di melting pot degli anni Duemila, si può parlare ebbene è qui con tutta evidenza che lo si deve cercare, in questa megaregione tra le due sponde dell'Atlantico.

Ma dentro la *megaregione* che attrae così fortemente i migranti, le dinamiche dei movimenti migratori sono sensibilmente diverse, come si vede bene dalla tavola che segue:

Tav. 2 testo – Regioni dell'Europa e dell'America del Nord secondo gli immigrati e gli emigrati (dati in milioni) – anno 2024

regioni	migranti internazionali		
	immigrati	emigrati	immigrati - emigrati
Europa dell'Est	18,7	32,5	-13,8
Europa del Nord	18,6	7,0	11,6
Europa del Sud	20,1	12,5	7,6
Europa Continentale	36,7	9,0	27,7
Europa	94,1	61,0	33,1
Europa Occidentale	**75,4**	**28,5**	**47,9**
USA	**52,4**	**3,2**	**49,2**
Canada	8,8	1,4	7,4
America del Nord	61,2	4,6	56,6

Da questa tavola si ricavano tre conclusioni importanti:

a. la prima l'abbiamo già ricordata: l'Europa dell'Est si distingue in modo netto dalle altre regioni dell'Europa per l'eccedere degli emigrati sugli immigrati di ben 13,8 milioni, mentre nelle altre regioni il bilancio è nettamente favorevole agli immigrati. Com'è immediato verificare, al 2024 sono pur presenti nell'Europa dell'Est ben 18,7 milioni di migranti internazionali (immigrati), ma essa ha perso ben 32,5 milioni di abitanti per l'emigrazione verso altre regioni – anche se per più dell'80 per cento dei migranti da queste regioni l'approdo è comunque in Europa;

b. l'America del Nord, diversamente dall'Europa, ha minimi contingenti di emigrati negli altri Paesi del mondo, cosicché gli immigrati in questa regione sono addirittura alla data del 2024 13 volte gli emigrati da questa regione, mentre in Europa abbiamo appena 1,5 immigrati per ogni emigrato europeo;
c. per quanto riguarda il numero degli immigrati, ovverosia degli stranieri residenti, è tuttavia l'Europa che ne conta di più: 94,1 milioni contro 61,2; oltre 33 milioni di più, oltre il 50 per cento più di quanti ne conta l'America del Nord. All'interno di quest'ultima differenza spicca, come sappiamo, la differenza di ben 23 milioni tra i 75,4 milioni di stranieri nell'Europa Occidentale e i 52,4 milioni di stranieri negli Stati Uniti.

Che dagli Stati Uniti se ne vengano via in pochi, decisamente in pochi, è senz'altro un punto di forza di quel Paese nel quale evidentemente, a dispetto delle tante critiche che gli vengono mosse, si preferisce di gran lunga restare che andarsene. Ma se per la demografia di un Paese o di una regione quel che conta è la differenza tra quanti arrivano e quanti se ne vanno, ovvero tra immigrati ed emigrati, per tutto il resto a contare è in modo preminente il numero di stranieri residenti (immigrati) e la proporzione che essi rappresentano della popolazione di quel Paese. Gli stranieri residenti a un dato momento in un determinato Paese e in una determinata popolazione contano in modo prevalente in termini di (a) percezione del problema degli stranieri, e della connessa immigrazione, nell'opinione pubblica; (b) politiche di programmazione, accoglienza e integrazione che devono essere studiate e attuate per governare il fenomeno; e (c) processi di melting pot che in ultima analisi sono dovuti alla compenetrazione tra autoctoni e stranieri nella popolazione.

Gli Stati Uniti traggono più vantaggi dell'Europa Occidentale dal movimento migratorio sotto l'aspetto squisitamente demografico, dell'acquisizione di abitanti *da fuori*, da altri Paesi, ma gli stranieri che abitano nell'Europa Occidentale sono sia in cifre assolute che in rapporto alla popolazione molti di più che negli Stati Uniti. E tuttavia non basta questo per poter dire che le problematiche che attengono agli stranieri si presentano in modi più accentuati nell'Europa Occidentale piuttosto che negli Stati Uniti.

Per una valutazione del genere occorre esplorare il più importante carattere dei migranti internazionali: il Paese di origine e conseguentemente, a seguire, la regione e il continente. Siamo molto interessati a capire se gli stranieri residenti al 2024 nei Paesi di immigrazione provengono da pochi o molti Paesi d'emigrazione (Paesi di origine) e se tra questi vi sono Paesi che detengono una posizione di particolare rilievo per il grande numero dei migranti. Tutti sanno che il cosiddetto «effetto banlieue» è la conseguenza di concentrazioni nelle periferie delle grandi città di stranieri di uno stesso Paese o regione o etnia. E che queste concentrazioni, quando sono particolarmente ampie in rapporto agli abitanti, possono arrivare a rappresentare delle vere e proprie enclave con proprie regole e proprie autorità, diverse se non addirittura in contrasto con leggi e autorità dei Paesi di immigrazione.

Ma il Paese di origine dei migranti è in generale anche un indicatore non semplicemente di distanza geografica, ma ancor più di distanza culturale. Tanto per fare un esempio, hanno un peso assai diverso, per la Germania, i 360.000 afghani rispetto ai quasi altrettanti cechi che risiedono nel 2024 sul suo territorio. I cechi sono al confine est della Germania, gli afghani vengono dall'Asia Centrale, da migliaia di chilometri; i cechi sono una stessa etnia con i tedeschi, gli afgani no, sono di un'etnia molto diversa; diversissime poi sono le culture di tedeschi e afghani, così come vicine sono invece quelle di tedeschi e cechi. Oltre a tutto il resto, si può davvero parlare di melting pot, in Germania, in relazione ai cechi e a tutti gli altri stranieri residenti che hanno una analoga vicinanza geografica ed etnico-culturale coi tedeschi? O di melting pot si può parlare solo in relazione a stranieri residenti che hanno un certo grado di lontananza geografica ed etnico-culturale come quella degli afghani? E ancora, volumi di stranieri residenti come quelli dei cechi e degli afghani in Germania, sono da prendersi davvero in considerazione come possibili fattori di melting pot in un Paese come la Germania che nel 2024 contava 84,6 milioni di abitanti e 16,8 milioni di stranieri residenti? O non occorre invece una ben superiore quantità di stranieri per innescare qualcosa che possa, in quel Paese, anche soltanto avvicinarsi a processi di melting pot?

Il discorso si fa assai complicato, come è intuitivo capire. Non solo, ma si fa anche, e non c'è modo di ovviarvi, molto soggettivo. Ma avremo modo di parlarne in seguito.

Piuttosto, a proposito di origine dei migranti, torna il deficit di accuratezza del quale abbiamo parlato: 22 milioni di migranti dei quali non si conosce il Paese di origine. Un deficit peraltro di entità molto diversificata. Il Paese dov'esso è maggiore è proprio la Germania: dei 16.750.000 stranieri residenti in Germania nel 2024, 3.138.000 appaiono nella rilevazione della Population Division sotto la voce *others*, «altri Paesi». Una *non specificazione* che riguarda poco meno del 20 per cento degli stranieri residenti in Germania. E questo mentre in Italia gli stranieri residenti la cui origine non è specificata sono appena 209 su 6.554.000 stranieri residenti, praticamente lo 0 per cento. Sembrerebbe di dover dedurre da queste cifre che i migranti irregolari in Germania sono molti di più che in Italia, dove però la percezione dell'immigrazione irregolare non è meno acuta di quanto sia in Germania a motivo del fatto che le cronache italiane sono piene di gommoni e carrette del mare che non farebbero che scaricare immigrati dall'Africa giorno e notte sulle coste italiane.

Al 2024 si conoscono i Paesi di origine di 65,6 milioni di stranieri residenti nell'Europa Occidentale e di 48,9 milioni di stranieri residenti negli Stati Uniti, mentre non si conoscono i Paesi di origine di 9,8 milioni di stranieri in Europa Occidentale e di 3,5 milioni di stranieri negli Stati Uniti. Si tratta per quanto riguarda l'Europa Occidentale di una perdita di accuratezza del 13 per cento degli stranieri qui residenti rispetto al 6,7 per cento degli Stati Uniti. Questa perdita di accuratezza fa sì che si debba guardare in modo ancora più attento ai dati espressi in percentuale, in quanto questi dati per essere indipendenti dal valore dei totali sui quali vengono calcolati, tutti fatti uguali a 100 indipendentemente dal loro valore assoluto, prescindono dal numero di stranieri dei quali non si conosce il Paese di origine e sono perfettamente confrontabili tra di loro.

Ciò detto, il fatto di lavorare su ben 114,5 milioni di migranti internazionali residenti al 2024 tra Europa Occidentale e Stati Uniti dei quali si conosce oltre al Paese di destinazione anche quello di origine rappresenta una garanzia che i confronti non verranno falsati in modo significativo dai diversi livelli di non conoscenza dei Paesi di origine dei migranti.

4. Europa Occidentale vs Stati Uniti. Le provenienze degli stranieri a seconda dei Paesi distinti per livelli di reddito

Come ormai sappiamo, 199 milioni di migranti internazionali, pari al 65 per cento dei 304 milioni di migranti internazionali che si registrano a livello globale nel 2024, abitano nei Paesi con alti livelli di reddito. Pochissimi, meno del 5 per cento, abitano nei Paesi a basso reddito, mentre il restante 30 per cento abita in Paesi a reddito medio. Abbiamo già commentato questa distribuzione al paragrafo 3 del primo capitolo. Si tratta di una distribuzione dei migranti internazionali determinata non solo dalle aspirazioni dei singoli individui ma anche dalle loro concrete possibilità di raggiungere le mete migratorie desiderate. Probabilmente avendone l'opportunità tutti o quasi i migranti internazionali avrebbero preso nel tempo la via dei Paesi ricchi e sviluppati, e qui risiederebbero nel 2024. Ma questi Paesi non sono sempre raggiungibili – com'è del resto esperienza comune verificare – da parte dei migranti. A volte non bastano le risorse disponibili, altre sono le distanze a essere eccessive, altre ancora le circostanze che impongono di lasciare in tutta fretta i propri Paesi dove si rischia se non la vita per guerre e regimi dispotici, l'arresto, la detenzione, la perdita dei diritti. Per non dire che i Paesi ricchi e sviluppati non aprono indiscriminatamente le frontiere ai flussi migratori di qualunque entità e provenienza essi siano ma agiscono, anche se non è detto che ci riescano del tutto, in base a logiche di convenienza, di regolazione e programmazione dei flussi dei migranti.

D'altro canto, andiamo incontro ad anni e decenni in cui sempre meno i flussi migratori seguiranno rotte spontanee, ovvero determinate sostanzialmente dalla volontà e dalle possibilità dei migranti com'è stato, in un modo o nell'altro, fino a tempi assai recenti. Ci aspettano anni e decenni destinati a un controllo sempre più stretto dei flussi migratori che passerà anche attraverso il loro respingimento, se non proprio la loro repressione. L'immigrazione illegale, che pure è stata in qualche modo tollerata, già non lo è più e ancor meno lo sarà negli anni che verranno. Anni e decenni in cui la programmazione dei flussi da parte dei Paesi d'immigrazione tramite accordi con i Paesi d'emigrazione è destinata a diventare la *cifra* e insieme la linea d'azione imprescindibile per contrastarne spontaneità e caoticità e facilitarne accoglienza e integrazione. Gli Stati Uniti e, in Europa, una realtà sovranazionale come l'Unione Europea già hanno imboccato in modi diversi questa strada, tutt'altro che facile ma pressoché obbligata quando i flussi migratori assumono dimensioni che chiaramente non possono essere lasciate a se stesse e impongono di essere governate. Politiche di programmazione, controllo e accoglienza dei flussi migratori, dei migranti internazionali, *delle persone in carne e ossa che alimentano questi flussi*, impongono d'altra parte la loro conoscenza. Così, la conoscenza di quali sono oggi i Paesi e le regioni di origine di questi migranti non soltanto in termini strettamente geografico-territoriali ma anche socioeconomici e geopolitici, costituisce per l'Europa Occidentale e gli Stati Uniti – le due aree del mondo che anche in un futuro a più o meno lunga scadenza rappresenteranno il fulcro delle destinazioni a venire dei migranti – una base di valutazione dalla quale non possono prescindere per attrezzarsi al compito di programmare quel che sempre nella storia dell'umanità è apparso al di fuori di ogni efficace possibilità di programmazione: le migrazioni.

Programmazione che appare ancor più indispensabile in considerazione del fatto che molti Paesi occidentali sono impegnati a sperimentare politiche demografiche in grado di correggere tendenze che, ove lasciate alla loro inerzia, rischiano di ridimensionare e devitalizzare oltre i limiti del consentito le loro popolazioni e che queste politiche non possono non fondarsi sull'uso intelligente della cosiddetta *leva migratoria*; una leva più rilevante dal punto di vista quantitativo e meglio governabile dal punto di vista operativo della *leva naturale* della popolazione (le nascite e le morti), giacché è sperimentato ch'è più facile agire sui flussi migratori che non sui livelli di fecondità delle donne e delle coppie occidentali.

Inconsciamente, prima ancora che a livello razionale, maturiamo l'idea che migranti e migrazioni rappresentino una realtà che, nei tempi moderni, non riguarda i Paesi ad alto reddito, i Paesi sviluppati, l'idea che l'emigrazione sia questione tutta e solo dei Paesi poveri, sottosviluppati.

È così? In verità ci aspettano molte sorprese quando si va alla scoperta di *chi* – non soltanto *quanti* – sono i migranti che popolano città e contrade dei Paesi Occidentali, e segnatamente dell'Europa Occidentale da un lato e degli Stati Uniti dall'altro.

La prima è proprio quella che si ricava quando andiamo a ripartire gli immigrati residenti in Europa Occidentale e negli Stati Uniti secondo il livello del reddito dei loro Paesi di origine (Tav. 10). Ci aspetteremmo che tutti o quasi provengano dai Paesi a basso livello di reddito. E invece.

E invece scopriamo che gli stranieri che risiedono al 2024 in Europa Occidentale provengono per più di un terzo (il 36,1 per cento) da Paesi con un alto livello di reddito, mentre gli stranieri che risiedono negli Stati Uniti provengono da Paesi ad alto reddito esattamente per un quinto (il 20 per cento): decisamente meno che in Europa, ma pur sempre una proporzione tutt'altro che marginale. Ma non dovremmo meravigliarci più di tanto, perché se è vero che sono quasi 200 milioni gli stranieri delle altre parti del mondo che risiedono nei Paesi ad alto reddito è anche vero che più di 50 milioni di migranti originari di Paesi ad alto reddito[10] abitano nel 2024 in Paesi che non sono

[10] Equivalenti a più di 60 milioni, comprendendo anche quelli dei quali non si conosce il Paese di origine.

i loro. Anche dai Paesi ad alto reddito si emigra, insomma, e sbaglieremmo a dimenticare questa realtà, che ci restituisce un'immagine di universalità delle migrazioni, che non possono essere pensate nel mondo di oggi solo in termini di stretta necessità, di grande e incoercibile bisogno. Cosicché se i migranti internazionali presenti nel mondo al 2024 rappresentano il 3,7 della popolazione mondiale, i migranti internazionali che vengono – che emigrano – dai Paesi ad alto reddito rappresentano perfino di più, il 4 per cento della loro popolazione (51 milioni su 1,3 miliardi di abitanti): una proporzione più alta non solo di quella mondiale ma anche di quella dei Paesi a medio reddito (3 per cento), e seconda solo a quella dei Paesi a basso reddito (5,4 per cento).

Ci sono quasi 3 milioni di italiani, lo abbiamo detto, tra i 304 milioni di migranti internazionali al 2024, dei quali ben 2 milioni in Europa (con la punta di oltre 400.000 in Germania) e oltre mezzo milione nell'America del Nord: chiaro esempio di come anche da un Paese come l'Italia si possa fare le valigie per cercare miglior fortuna altrove – tant'è che il 5 per cento degli italiani nel 2024 risiedeva all'estero da almeno 12 mesi. Un altrove, credo che questo si possa dire, ben più pragmatico che esotico o avventuroso: il 92 per cento dei migranti italiani le valigie le ha fatte per traslocare in Paesi ad alto reddito, quasi l'8 per cento in Paesi a medio reddito e praticamente nessuno in Paesi a basso reddito.

Ma, dunque, c'è un primo, forte elemento di diversità tra Europa Occidentale e Stati Uniti riguardo alla provenienza degli immigrati. Detto in estrema sintesi: gli stranieri che al 2024 abitano negli Stati Uniti vengono mediamente da Paesi con un livello del reddito più basso degli stranieri che al 2024 abitano nell'Europa Occidentale: ben il 77 per cento degli stranieri negli Stati Uniti viene infatti da Paesi con un livello medio del reddito, contro uno scarso 56 per cento degli stranieri che risiedono nell'Europa Occidentale, dove, al contrario, sono proporzionalmente molti di più, come si è detto, gli stranieri che vengono dai Paesi con reddito alto: il 36 per cento contro il 20 per cento degli Stati Uniti. Vero è che nell'Europa Occidentale sono in maggiore proporzione gli stranieri che vengono da Paesi con reddito basso, ma questi ultimi non rappresentano che il 6 per cento del totale degli stranieri (contro appena l'1 per cento degli USA) e non bastano a cambiare il giudizio: gli immigrati in Europa Occidentale vengono mediamente da Paesi di un livello di reddito mediamente più alto di quello degli immigrati negli Stati Uniti.

5. Europa Occidentale vs Stati Uniti. Le provenienze degli stranieri dai Paesi distinti secondo il continente di provenienza

I migranti internazionali che vengono per ben 51 milioni dai Paesi ad alto reddito sono, in proporzione delle rispettive popolazioni, più dei migranti internazionali che vengono dai Paesi a reddito medio e pochi di meno di quelli che vengono dai Paesi a basso reddito. Ed è questa la constatazione, che deriva dai dati, che meno si accorda con l'idea che abbiamo maturato di questo fenomeno, largamente influenzato dalle immagini che ci arrivano dalle coste italiane: degli sbarchi e, purtroppo non così raramente, dei naufragi di barconi e gommoni stipati di poveri diavoli che fuggono dall'Africa e dalle zone calde di guerra del Medio Oriente e non solo. Ora, proprio questa (almeno parziale) dissociazione tra realtà effettuale e percezione umorale/sentimentale ci invita a uno sguardo più attento del fenomeno migratorio, se vogliamo affrancarla da una rappresentazione erroneamente monocorde che del fenomeno ci arriva dai mass media. Secondo questa rappresentazione il grosso dei flussi migratori sembra venire dall'Africa, ma non è così: i migranti africani rappresentano infatti solo il 16 per cento del totale degli immigrati in Europa Occidentale – meno di un immigrato su sei in Europa Occidentale è un africano – e un insignificante 3,7 per cento degli immigrati negli Stati Uniti: una differenza che ha la sua radice, del tutto naturalmente, soprattutto nella geografia che rende per gli africani, e specialmente per quelli dell'Africa del Nord, ben più abbordabile l'Europa, a cominciare dai Paesi che affacciano sul Mediterraneo, di quanto non lo siano gli Stati Uniti e l'America del Nord.

Nella stessa Italia, che pure per motivi di prossimità[11] è al centro di buona parte delle rotte di quanti dall'Africa guardano all'Europa e non alla sola nostra Penisola (sulla quale spesso si sbarca per allungare il tragitto migratorio in direzione nord), i migranti africani sono poco più di 1,3 milioni e rappresentano il 20 per cento del totale degli stranieri qui residenti nel 2024,

[11] L'isola di Pantelleria è più vicina alla costa africana, dalla quale dista 70 chilometri, che a quella della Sicilia, dalla quale dista 85 chilometri.

largamente sopravanzati dai quasi 1,8 milioni di migranti dall'Europa dell'Est e ormai insidiati da vicino dagli 1,2 milioni di migranti che vengono da ben più lontano, dall'Asia.

Del resto, dei 45,8 milioni di migranti dall'Africa ben 29,2 milioni, quasi due migranti africani su tre, si stabiliscono in altri Paesi africani, cosicché sono piuttosto pochi – meno di 17 milioni – i migranti africani fuori dal loro continente. La controprova sta proprio nel davvero basso numero di africani tra gli stranieri residenti negli Stati Uniti, solo 1,8 milioni, pari ad appena il 3,7 per cento del totale degli stranieri in quel Paese, come si è detto.

Non siamo invasi dagli africani, insomma, come una fin troppo lunga silloge di servizi giornalistici corroborata da rosari di immagini televisive sembrerebbe volerci indurre a credere.

Al di là di questa considerazione, ch'è bene rimarcare, la ripartizione dei migranti residenti nell'Europa Occidentale e negli Stati Uniti secondo il continente di origine (Tav. 11) rivela alcune diversità nei due poli di attrazione dei migranti internazionali, ancora più profonde di quelle rilevate dalla ripartizione dei migranti secondo il livello del reddito dei Paesi di origine. Rispetto ai continenti di provenienza i migranti internazionali che risiedono in Europa Occidentale e quelli che riedono negli Stati Uniti hanno davvero poco in comune. Siamo come su pianeti che occupano due regioni distinte dello spazio cosmico. C'è un solo punto di congiunzione, di relativa affinità: l'Asia. I migranti internazionali dall'Asia assommano in effetti a 15 milioni tanto in Europa Occidentale che negli Stati Uniti anche se, mentre della prima rappresentano il

22,9 per cento degli stranieri, dei secondi, per avere gli Stati Uniti 23 milioni di immigrati in meno rispetto all'Europa Occidentale, rappresentano più del 30 per cento del totale degli stranieri. Questa relativa affinità riguardo all'ammontare degli stranieri che provengono dall'Asia ha anch'essa una sua logica in qualche modo geografica, essendo le regioni dell'Asia, specialmente del Sud, dell'Est e del Sudest, ovvero quelle a forte migrazione (pur sempre molto relativa, tuttavia, ricordiamolo, se si considera che gli abitanti di quelle regioni rappresentano più della metà degli abitanti della terra), praticamente a mezza strada tra Europa e America – pur se dal lato americano c'è un oceano di mezzo.

Tolta questa affinità il divario è completo. Innanzitutto i migranti internazionali residenti in Europa Occidentale hanno una provenienza più articolata di quelli residenti negli Stati Uniti. Gli stranieri negli Stati Uniti provengono per poco meno dell'85 per cento dall'America Latina e Caraibica e dall'Asia, mentre gli stranieri nell'Europa Occidentale provengono per meno del 73 per cento dall'Europa e dall'Asia. Gli stranieri residenti in Europa Occidentale, inoltre, vengono in proporzioni consistenti da almeno tre continenti, nell'ordine: Europa, Asia e Africa, e quasi per il 10 per cento dall'America Latina e Caraibica; mentre gli stranieri residenti negli Stati Uniti vengono in proporzioni consistenti solo dall'America Latina e Caraibica e dall'Asia, e quasi per il 10 per cento dall'Europa. Dunque l'immigrazione in Europa Occidentale si rivela essere più universale dell'immigrazione negli Stati Uniti; è potremmo dire un'immigrazione più a 360 gradi di quanto non possa dire di esserlo quella degli Stati Uniti. Considerando le Americhe come un unico continente, gli stranieri residenti negli Stati Uniti vengono da lì per il 56 per cento, contro meno del 50 per cento degli stranieri residenti in Europa Occidentale che viene dall'Europa, dal continente Europa, Russia inclusa.

Si ricava da questi dati la conclusione che quella che potremmo definire come una *migrazione di prossimità* è di poco maggioritaria negli Stati Uniti mentre è di poco lontana dall'essere maggioritaria nell'Europa Occidentale. Valutazione che si può anche tradurre in altro modo dicendo che i migranti internazionali in Europa Occidentale e negli Stati Uniti si suddividono quasi a metà tra *migranti di prossimità* – quelli europei per l'Europa Occidentale, quelli americani per gli Stati Uniti – e *migranti di lontananza*: rispettivamente i non europei per l'Europa Occidentale e i non americani per gli Stati Uniti.

All'impronta sembrerebbe di dover precisare, tuttavia, che la migrazione di prossimità verso l'Europa Occidentale è mediamente ben più di prossimità della migrazione di prossimità verso gli Stati Uniti, considerando le distanze effettive. La migrazione dall'America Latina verso gli Stati Uniti necessita infatti di percorrere mediamente distanze più lunghe e anche più difficili da percorrere di quelle di cui necessita la migrazione dai Paesi europei verso l'Europa Occidentale. Tuttavia, come vedremo, l'impressione è almeno parzialmente corretta quando si vanno a considerare i singoli Paesi di emigrazione verso gli Stati Uniti e verso l'Europa Occidentale: il Messico, per dire, confina per oltre duemila chilometri con gli Stati Uniti, è dunque letteralmente alla sua porta, e i messicani rappresentano una bella proporzione, poco più del 23 per cento, di tutti i migranti internazionali che al 2024 abitano negli Stati Uniti – quasi un migrante su quattro. Ma il Messico appartiene a un'altra regione rispetto agli Stati Uniti (l'America Centrale), cosicché su questo piano la migrazione messicana verso gli Stati Uniti è una migrazione extraregionale, non intraregionale, una migrazione non di prossimità.

6. *Europa Occidentale vs USA. Le provenienze degli stranieri dai Paesi distinti secondo le regioni di provenienza*

Basta quest'ultima considerazione sul Messico a farci capire come, se ci limitiamo ai continenti, restiamo pur sempre su valutazioni troppo generali, senza per così dire poter affondare il colpo. Per farlo occorre esaminare più in dettaglio le provenienze dei migranti internazionali. Il passaggio successivo in questa direzione è quello di considerare le provenienze dei migranti internazionali sulla base delle regioni anziché dei continenti. La differenza tra regioni e continenti può non apparire così decisiva, ma aggiunge molto alla comprensione, che ci interessa, delle differenze tra Europa Occidentale e Stati Uniti in relazione all'origine dei migranti internazionali che abitano dall'una e dall'altra parte. Essa fa infatti risaltare ancor più significativamente come Europa Occidentale e Stati Uniti attingano in modo pressoché divergente dalle varie regioni del mondo (Tav. 12).

Al riguardo, una considerazione si impone su tutte, pur se non sembra legarsi così bene con ciò che abbiamo appena detto a proposito dell'immigrazione meno universale, meno a 360 gradi, negli Stati Uniti rispetto all'immigrazione nell'Europa Occidentale: *quella negli Stati Uniti non è un'immigrazione dell'Occidente, dell'uomo occidentale, del migrante che viene dall'Occidente, bensì di tutte quelle aree geografiche che Occidente non sono*: non arriva dal Nord America, non dall'Australia-Nuova Zelanda, non dall'Asia Occidentale (che pure a dispetto del nome è, se si esclude la Turchia, assai poco «occidentale» – e basti dire ch'essa comprende pure l'Iran, che dello spirito antioccidentale è forse l'interprete più autentico) e quel che più conta neppure dall'Europa, regioni che tutte assieme forniscono appena il 13 per cento degli stranieri residenti negli Stati Uniti: uno straniero proveniente da Paesi occidentali (sia pure considerando Occidente lo stesso Occidente asiatico, che non lo è o lo è solo in piccola parte) ogni 7-8 stranieri che risiedono negli Stati Uniti. Diversamente i migranti internazionali in Europa Occidentale vengono per poco meno del 50 per cento dall'Europa, per l'1,5 per cento dall'America del Nord, per lo 0,5 per cento dall'Australia-Nuova Zelanda, e per una quota non inferiore al 5 per cento dall'Asia Occidentale – e, cosa importante, dal solo quasi Occidente non puramente geografico di questa regione, ovvero dalla Turchia – che fanno salire la componente occidentale dei migranti internazionali in Europa Occidentale a circa il 57 per cento: il 57 per cento di migranti occidentali contro il 13 per cento di migranti occidentali degli Stati Uniti.

Questa conclusione quadra senz'altro con quanto abbiamo già annotato a proposito di una presenza di stranieri in Europa Occidentale al 2024 di provenienza, rispetto agli stranieri residenti negli Stati Uniti a quella stessa data, da Paesi mediamente a più alto reddito, più sviluppati. Ma non sembra quagliare con la conclusione di una immigrazione in Europa Occidentale più universale, più a 360 gradi, come ci siamo espressi, rispetto a quella negli Stati Uniti. Ma se guardiamo bene ci accorgiamo che sotto questo aspetto gli Stati Uniti godono di un'immigrazione di fortissima provenienza dalla sola America non del Nord (dalla quale proviene il 54 per cento di tutti gli immigrati negli Stati Uniti), mentre l'occidentalità dell'immigrazione in Europa Occidentale è ripartita su più sponde e viene dall'Europa, in modo del tutto prevalente, ma anche all'America del Nord e dall'Asia Occidentale-Turchia.

Gli stranieri che abitano in Europa Occidentale sono dunque:

a. più europei e, in subordine, più africani ma soprattutto meno latino-americani di quelli degli Stati Uniti: in una parola, come già abbiamo sottolineato, più universali;
b. hanno una componente decisamente più occidentale;
c. e, anche per questa ragione, come già abbiamo visto, registrano una superiore provenienza da Paesi ad alto livello di reddito.

L'Occidente guarda all'Europa occidentale, non agli Stati Uniti, quando entra nella logica e nella necessità del migrare – e questo anche in quanto, va precisato per onestà intellettuale, l'Occidente rappresentato dall'America del Nord ha (a) una tendenza all'emigrazione molto bassa e (b) una scelta limitata in casa propria, nell'Occidente di casa propria: gli emigrati dagli Stati Uniti potendo guardare solo al Canada e gli emigrati dal Canada potendo volgersi solo agli Stati Uniti.

Detto che questa necessità di migrare è sempre per l'Occidente a *bassa intensità* (diversamente da Africa o America Centrale e del Sud, e dalla stessa Asia: tutte, specialmente la prima, a più alta intensità di necessità) e, di nuovo, che la posizione geografica gioca un ruolo molto importante in questa scelta, in questo sguardo dell'Occidente verso l'Europa Occidentale, resta un fatto: è quest'ultima a essere alle prese con una migrazione occidentale, mentre non lo sono gli Stati Uniti. E già in questo, se ci si pensa, c'è tutto il marchio della modernità rispetto a quando, nei decenni tra la seconda metà dell'Ottocento e i primi del Novecento, era soprattutto l'immigrazione dall'Europa ad attraversare l'oceano a bordo dei transatlantici per l'America.

Nella loro estrema sintesi i tre punti appena elencati toccano il cuore delle diversità tra Europa Occidentale e Stati Uniti in merito alla provenienza degli stranieri residenti in queste due aree. Ma gli stranieri residenti in Europa Occidentale provengono per poco meno della metà dall'Europa così come gli stranieri residenti negli Stati Uniti provengono per poco più della metà dall'America, cosicché potremmo utilmente entrare nel dettaglio della voce «Europa» per quanto riguarda l'Europa Occidentale e della voce «America» per quanto riguarda gli Stati Uniti, per disaggregare queste due voci troppo generali, troppo in qualche modo omnicomprensive.

Pur nelle diverse dimensioni, tanto l'Europa che l'America sono suddivise in quattro regioni, il contributo di ciascuna delle quali al totale dei migranti residenti rispettivamente nell'Europa Occidentale e negli Stati Uniti è riportato nella *Tav. 3 testo*.

Tav. 3 testo – Stranieri residenti in Europa Occidentale e negli Stati Uniti dei quali si conosce il Paese di origine secondo rispettivamente le regioni d'Europa e d'America (dati in milioni) – anno 2024

Stranieri in Europa Occidentale	65,6	Stranieri negli Stati Uniti	48,9
provenienti dall'Europa	**32,6**	**provenienti dall'America**	**27,4**
Europa dell'Est	15,4	America Centrale	15,5
Europa del Sud	36,7	America Caraibica	6,8
Europa Continentale	5,0	America del Sud	4,1
Europa del Nord	2,7	America del Nord	1,0

Ci sono inattese, ma nient'affatto inesplicabili, affinità tra le due ripartizioni. La prima riguarda il ruolo, potremmo chiamarlo di «serbatoio di migranti» che svolgono quasi alla pari l'Europa dell'Est e l'America Centrale rispettivamente per l'Europa Occidentale e per gli Stati Uniti. L'Europa dell'Est e l'America Centrale rappresentano all'incirca la metà dei migranti che, provenienti dall'Europa e dall'America, si stabiliscono rispettivamente in Europa Occidentale e negli Stati Uniti. La seconda è invece il contributo minimo offerto in termini di migranti all'Europa Occidentale e agli Stati Uniti dalle regioni del Nord: rispettivamente dall'Europa del Nord e dall'America del Nord. Queste due affinità, come le abbiamo chiamate, si spiegano in misura convincente col fatto che l'Europa dell'Est da una parte e l'America Centrale dall'altra sono regioni a forte vocazione migratoria, mentre lo sono pochissimo le regioni dell'Europa del Nord e dell'America del Nord (in pratica il solo Canada) anche in ragione dei livelli di reddito molto alto.

Tuttavia tra gli stranieri negli Stati Uniti spicca in modo particolarissimo un Paese, il Messico, che vanta 11,3 milioni di abitanti presenti nel 2024 negli Stati Uniti. Chiariamo una questione, semmai potesse ancora generare qualche dubbio: negli Stati Uniti quanti sono arrivati dal Messico nel corso degli anni sono molti di più di 11,3 milioni, questi ultimi rappresentano i messicani che nel 2024 abitavano negli USA da almeno 12 mesi pur avendo ancora la cittadinanza messicana, ovvero essendo a tutti gli effetti stranieri negli Stati Uniti, ma naturalmente buona parte di coloro che nel corso degli anni dal Messico sono arrivati negli Stati Uniti sono diventati col tempo cittadini statunitensi, non sono più stranieri e non rientrano in questo conteggio. Dunque negli Stati Uniti ci sono oggi 11,3 milioni di stranieri di origine messicana che qui abitano da almeno 12 mesi ma sono ancora cittadini messicani. E si capisce bene che in quanto tali, in quanto cittadini messicani non ancora naturalizzati statunitensi, sono decisamente molti e il loro inserimento nella società americana segnatamente dell'Ovest non può essere dato *tout court* per scontato. Per farsene meglio un'idea si consideri che i tre Paesi che occupano le prime tre posizioni della graduatoria dei Paesi dai quali provengono gli stranieri che abitano in Europa Occidentale, vale a dire la Polonia (3,9 milioni), la Romania (3,9 milioni anch'essa) e l'Ucraina (3,4 milioni), tutti Paesi dell'Europa dell'Est, forniscono complessivamente un numero di migranti internazionali residenti in Europa Occidentale che non eguaglia, anche se lo sfiora, il numero di migranti che fornisce il Messico da solo agli Stati Uniti – e, se pure si deve aggiungere che la popolazione del Messico supera largamente il totale della popolazione dei tre Paesi europei assieme considerati, si deve però anche precisare che mentre i migranti dai tre Paesi dell'Europa dell'Est si *disperdono* in tutta Europa, quelli dal Messico gravano per lo più su alcuni stati degli Stati Uniti come la California e il Texas.

Si capisce anche da queste note su certe affinità della presenza dei migranti internazionali in Europa Occidentale e negli Stati Uniti quanto sia difficile il discorso sui migranti: perché mentre gli Stati Uniti sentono in modo molto forte, quasi parossistico, in particolare sotto la presidenza di Donald Trump, il problema della pressione del Messico e dei suoi abitanti al confine tra i due Paesi l'Italia, i Paesi dell'Europa che affacciano sul Mediterraneo, ma più in generale l'Europa Occidentale nel suo insieme, avvertono come più incombente, meno controllabile e quindi anche più complicato da programmare e gestire, il flusso migratorio che viene dall'Africa, per quanto al 2024 gli stranieri di origine africana che abitano in Europa Occidentale siano ben cinque milioni meno dei migranti dall'Est Europa.

Il problema dei migranti internazionali visto dal punto di vista dei Paesi di destinazione non è dunque esclusivamente una questione di numeri, è anche una questione di percezione, di mentalità e sensibilità. Polacchi, rumeni e ucraini: 11,2 milioni di persone di questa provenienza e nazionalità diversamente distribuiti nell'Europa Occidentale destano una preoccupazione decisamente minore dei 10,5 milioni di africani qui residenti alla stessa data del 2024. I numeri non dicono tutto: quanti provengono dall'Africa vengono percepiti come più «stranieri» di quanti provengono dall'Europa dell'Est, anche se questi ultimi sono nel loro complesso assai di più degli africani. Gli 11,3 milioni di messicani in fondo sono il 23 per cento, nemmeno uno su quattro, degli stranieri che abitano negli Stati Uniti, ma segnalano una pressione di confine che agita governanti, istituzioni e opinione pubblica degli *States*. Non sono questioni di poco conto; e neppure segnali o indicatori di particolari forme o inclinazioni al razzismo. È del tutto naturale che italiani o tedeschi sentano più vicini rumeni e polacchi che non marocchini o senegalesi, così come non è scandaloso che il Messico sia avvertito dagli Stati Uniti come una bomba migratoria sempre innescata, per quanto a stare ai dati della Population Division quasi neutralizzata negli ultimi anni; voler negare certe realtà non è, a proposito di indicatori, indice di una particolare apertura mentale quanto piuttosto di una buona dose di sprovvedutezza.

7. Europa Occidentale vs USA. Dispersione e accentramento

Abbiamo ancora una tappa da percorrere, prima di inoltrarci nella discussione sul melting pot di oggi, su come si presenta e come presumibilmente evolverà nelle due regioni dell'Europa Occidentale e degli Stati Uniti, le sole dove si può pensare ancora oggi a una possibilità di melting pot, con caratteristiche però diverse dal passato, attuali, moderne.

Un'ultima tappa all'insegna dell'opposizione tra dispersione e accentramento dei migranti internazionali in base ai Paesi di provenienza degli stessi. Più regioni e

Paesi contribuiscono allo *stock* degli stranieri residenti in Europa Occidentale e negli Stati Uniti nell'anno 2024, più ci sarà dispersione anziché accentramento. E viceversa. Ciò detto, come considerazione del tutto generale si può senz'altro dire che processi di melting pot saranno innescati piuttosto dalla concentrazione che non dalla dispersione dei migranti internazionali in un Paese o in una regione. Sempre in via generale, processi di melting pot possono aversi quando l'incidenza degli stranieri nella popolazione di un Paese o di una regione è:

a. alta e crescente;
b. a essa contribuiscono in modo maggioritario poche nazionalità di stranieri;
c. queste nazionalità sono portatrici di storia, cultura ed etnie lontane dalla storia, la cultura e l'etnia o le etnie dominanti in quel Paese o in quella regione.

Ma dicendo così restiamo all'interno di un discorso sul melting pot di impostazione molto tradizionale. Mentre più interessante è semmai cogliere, se vi sono, i segni di un possibile nuovo melting pot – non così tradizionale, più moderno – nelle due aree che possono ospitarlo e meglio ancora incubarlo. Possiamo intanto vedere se qualche suggerimento su come procedere ci arriva proprio dalla valutazione sulla dicotomia accentramento-dispersione dei migranti.

Sono 235 i Paesi[12] considerati dalla Population Di-

[12] Si parla genericamente di Paesi e non necessariamente di Stati, di entità statuali in tutta la loro pregnanza giuridico-istituzionale, riconosciute internazionalmente.

vision. Tra questi 31 hanno più di 50 milioni di abitanti; 50 più di 30 milioni; 95 più di 10 milioni; 139 più di 3 milioni. L'ambito delle grandi nazioni, dei Paesi popolosi è dunque piuttosto ristretto (31 o al più 50 Paesi), anche se la popolazione mondiale oggi conta più di 8,1 miliardi di individui. I forti contingenti di migranti verranno giocoforza dai Paesi con molti milioni di abitanti, certamente non da Paesi con meno di 3 milioni di abitanti.

Contingenti di almeno 100.000 migranti internazionali in Europa Occidentale e/o negli Stati Uniti provenienti da un singolo Paese rappresentano la soglia minima affinché quel Paese possa essere segnalato come Paese d'emigrazione in Europa Occidentale e/o negli Stati Uniti. Questo, almeno, in prima battuta. Vedremo poi come affinare la valutazione.

I Paesi che al 2024 hanno almeno 100.000 loro cittadini che abitano in Europa Occidentale sono 91, mentre sono 60 i Paesi che hanno almeno 100.000 loro cittadini che abitano negli Stati Uniti. La dispersione è molto accentuata dall'una e dall'altra parte (si ricordi però che abbiamo utilizzato una soglia di soli 100.000 migranti), ma è comunque maggiore nell'Europa Occidentale. E infatti: ci vogliono 15 Paesi, i primi 15 Paesi per numero di migranti che abitano in Europa Occidentale, per superare il 50 per cento del totale dei migranti internazionali che qui abitano; mentre bastano 8 Paesi, i primi 8 Paesi per numero di migranti che abitano negli Stati Uniti, per superare il 50 per cento del totale dei migranti internazionali che qui abitano.

Le cifre portano, in un quadro ripetiamolo di accentuata dispersione delle nazionalità dei migranti, a conclusioni obbligate: è evidente che gli immigrati internazionali, ovvero gli stranieri, residenti in Europa Occidentale alla fine dei 2024:

a. provengono da un maggior numero di Paesi;
b. sono meno concentrati in pochi Paesi rispetto a quelli residenti negli Stati Uniti.

Ora, c'è da dire che questa diversità è in parte il frutto del maggior numero di stranieri dei quali si conoscono i Paesi di origine che abitano in Europa Occidentale rispetto agli Stati Uniti – rispettivamente 65,6 e 48,9 milioni –, essendo in linea teorica pacifico che per arrivare a 65,6 milioni di stranieri occorrerà l'apporto di più Paesi di quanti ne occorrono per arrivare a 48,9 milioni. Tuttavia è abbastanza evidente, basta leggere attentamente i dati appena visti, che la maggiore dispersione dei migranti in Europa Occidentale e il loro relativo maggiore accentramento negli Stati Uniti travalicano, e non di poco, quel che può attribuirsi al maggior numero di migranti internazionali che abitano in Europa Occidentale rispetto a quelli che abitano negli Stati Uniti.

Possiamo meglio precisare il problema ricorrendo a un altro punto di vista.

Occorre l'apporto dei primi 15 Paesi, in ordine di numero di migranti residenti in Europa Occidentale, per superare il 50 per cento del totale dei migranti qui residenti al 2024.

Di questi 15 Paesi 10 sono europei, se consideriamo anche la Russia; 4, tra cui il primo Paese per numero di stranieri residenti fuori dall'Europa, il Marocco, sono della regione Africa del Nord-Asia Occidentale e uno, l'India, dell'Asia del Sud (Tav. 13). La Cina appare come il sedicesimo Paese in ordine di numero di migranti residenti in Europa Occidentale.

Non sfuggirà, poi, che dei 10 Paesi europei ben 6 sono addirittura della stessa Europa Occidentale: Germania, Italia, Bosnia-Erzegovina (dell'Europa del Sud, come l'Italia), Francia, Portogallo e Inghilterra. La lista dei 15 Paesi ribadisce tutta quella occidentalità dell'immigrazione nell'Europa Occidentale che abbiamo poco sopra annotato: solo l'India è per così dire anche geograficamente lontana; Marocco, Turchia, Siria, Algeria e la stessa Russia sono quantomeno geograficamente *imminenti* all'Europa Occidentale, alle sue porte – anche se culturalmente più lontani. Anticipando quel che diremo sul melting pot nell'Europa Occidentale: gli stranieri in questa regione non hanno soltanto una forte connotazione occidentale, vengono anche in netta prevalenza dall'Occidente dell'Occidente: dall'Europa, dunque, e non secondariamente proprio dalla stessa Europa Occidentale.

Sembra quasi di poter già concludere, al riguardo: *immigrazione sì, molta; melting pot no, poco o niente*. Ma una analisi più accurata è da rimandare all'ultimo capitolo.

Passiamo agli Stati Uniti. A questi ultimi occorre l'apporto dei soli primi 8 Paesi, in ordine di numero di migranti qui residenti, per superare il 50 per cento del totale dei migranti residenti al 2024 (Tav. 16).

Tra questi 8 Paesi non si ritrova una prevalenza di Paesi americani che eguagli la prevalenza dei Paesi europei tra i primi 15 Paesi per migranti in Europa Occidentale. Questi 8 Paesi risultano infatti divisi esattamente a metà tra i due continenti dell'America (2 dell'America Centrale, 2 dell'America Caraibica ma nessuno dell'America Latina) e dell'Asia (tra i quali India, Cina e Filippine occupano le prime posizioni dopo l'irraggiungibile Messico). India e Cina occupano negli Stati Uniti un posto per l'apporto di stranieri qui residenti al 2024 più importante di quello che occupano nell'Europa Occidentale.

La punta del Messico spicca in verità per le sue dimensioni come un'anomalia nel panorama delle migrazioni internazionali, a maggior ragione in quanto diretta in quell'unico Paese, gli Stati Uniti, che cerca in ogni modo di difendersene, di arginarla. Per arrivare alla percentuale del 23,1 per cento che i migranti messicani rappresentano degli stranieri presenti nel 2024 negli Stati Uniti nell'Europa Occidentale occorre avvalerci, senza che sia sufficiente, dell'apporto (in termini percentuali, attenzione, non come abbiamo visto prima in termini di numero assoluto di migranti) di quattro Paesi: Romania e Polonia (che rappresentano ciascuna il 5,9 per cento del totale dei migranti residenti in Europa Occidentale), Ucraina (4,2 per cento) e Marocco (5 per cento).

Per trovare il primo Paese africano nella graduatoria dei Paesi con più immigrati residenti negli Stati Uniti occorre scendere alla ventesima posizione, dove troviamo la Nigeria con meno di 0,6 milioni di immigrati, meno della metà dei migranti da Cuba, anche se la Nigeria ha 22 volte gli abitanti di Cuba. Altra testimonianza dell'irrilevanza dell'emigrazione dall'Africa agli Stati Uniti, che abbiamo già sottolineato.

Anche questi dati vanno nel senso di ribadire ancor di più ciò che siamo venuti scoprendo, ovvero:

a. la più accentuata dispersione delle provenienze degli stranieri residenti in Europa Occidentale rispetto agli stranieri residenti negli Stati Uniti, segno indiscutibile di una capacità attrattiva a maggiore raggio della prima rispetto ai secondi;

b. la più alta, decisamente più alta, provenienza occidentale degli stranieri residenti in Europa Occidentale;
c. un'area di provenienza degli immigrati da Paesi e regioni asiatiche comune a Europa Occidentale e Stati Uniti, ma decisamente più pronunciata in direzione di questi ultimi;
d. la capacità attrattiva più pronunciata verso due distinte coppie di continenti: Europa e Africa per l'Europa Occidentale; America e Asia per gli Stati Uniti.

E tuttavia ad abbracciare insieme, con un unico sguardo, le due graduatorie sembrerebbe di cogliere, diversamente da quanto prima annotato, un elemento di internazionalità superiore in quella degli Stati Uniti rispetto a quella dell'Europa Occidentale così legata all'Europa in un modo in cui non appaiono invece legati gli Stati Uniti all'immigrazione dall'America – o, per meglio capirci, dalle *Americhe*. Ma trattasi più che altro di un'illusione ottica dovuta a due elementi: il valore abnorme del Messico che, rappresentando da solo il 23,1 per cento dei migranti residenti negli Stati Uniti, *accorcia* la graduatoria dei Paesi necessari a superare il 50 per cento dei migranti negli Stati Uniti; e la presenza di 4 Paesi asiatici tra i primi 8 Paesi in questa graduatoria – con l'Asia che per noi europei è l'*altra parte del mondo*, e dunque quella che sembra portare in sé un maggior carico di internazionalità dei migranti. In verità se soltanto allungassimo anche la graduatoria degli Stati Uniti fino a 15 Paesi com'è per l'Europa Occidentale troveremmo nelle prime 15 posizioni: 9 Paesi americani, 5 Paesi asiatici e 1 Paese europeo (la Germania), una classifica nient'affatto più articolata o internazionale di quella relativa all'Europa Occidentale, nelle prime 15 posizioni della quale troviamo: 10 Paesi europei, 3 Paesi asiatici e 2 Paesi africani.

Possiamo essere soddisfatti di questo punto di approdo in merito ai Paesi di origine, e provenienza, dei migranti internazionali residenti al 2024 rispettivamente nell'Europa Occidentale e negli Stati Uniti?

Più pragmaticamente: ci basta questo punto di approdo per (a) archiviare definitivamente la questione della nuova posizione di preminenza assunta dall'Europa Occidentale a spese degli Stati Uniti per la capacità attrattiva nei confronti dei migranti internazionali e (b) affrontare nel migliore dei modi la questione del nuovo melting pot, sempre ammesso che di melting pot si possa parlare, nelle due regioni?

No, specialmente in relazione al punto (b), non ci basta. Nel prossimo capitolo vedremo perché e come rimediare alle lacune conoscitive per arrivare a poter rispondere a queste domande.

4
Dentro l'Occidente: una straordinaria spartizione dei migranti dai quattro angoli del mondo

1. Un confronto spurio?

Resta tuttavia, al di là delle puntualizzazioni con le quali abbiamo chiuso il capitolo precedente, un dato di fatto col quale non abbiamo ancora fatto i conti fino in fondo.

Tra i primi 15 Paesi che concorrono all'ammontare del 50 per cento dei migranti internazionali in Europa Occidentale al 2024 ci sono, nell'ordine: Germania, Italia, Francia, Portogallo, Inghilterra, cioè ben 5 Paesi non genericamente dell'Europa ma precisamente dell'Europa Occidentale. Diversamente: tra i primi 8 Paesi che concorrono all'ammontare del 50 per cento dei migranti internazionali negli Stati Uniti al 2024 ci sono soltanto Paesi *esterni* agli Stati Uniti, e che neppure fanno parte dell'America del Nord.

Il fatto è che gli Stati Uniti sono composti da 50 Stati federati tra di loro, come ben sappiamo, sotto l'egida – il presidente, il Governo centrale e il Congresso – di un solo Paese: gli Stati Uniti, appunto. L'Europa Occidentale è composta da 38 Paesi, secondo l'ONU, una decina dei quali estremamente piccoli per dimensioni e abitanti,[13] ma altrettanti molto popolosi, ciascuno dei quali con una sovranità nazionale sconosciuta agli Stati degli Stati Uniti, cosicché mentre gli USA sono un unico Paese, l'Europa Occidentale conta 38 Paesi. Naturalmente si potrebbero sempre considerare gli spostamenti di residenza da uno Stato all'altro degli Stati Uniti, che però essendo gli Stati Uniti un unico Paese non potrebbero comunque essere considerati migrazioni internazionali né potrebbero essere considerati migranti internazionali i soggetti di questi spostamenti. Diversamente da quel che succede per le migrazioni da un Paese all'altro dell'Europa Occidentale, che sono tali a tutti gli effetti mentre sono migranti internazionali i protagonisti di queste migrazioni.

Così, per quanto gli Stati Uniti abbiano una superficie territoriale pari a due volte e mezza quella dell'Europa Occidentale, pur se con una popolazione inferiore di 115 milioni, gli spostamenti tra uno Stato e l'altro al suo interno non sono migrazioni internazionali mentre lo sono quelli tra un Paese e l'altro dell'Europa Occidentale. Ma, del resto, che i primi non siano migrazioni e i secondi sì è comprovato dalla lingua: ch'è unica, l'inglese, nei 50 Stati degli Stati Uniti, mentr'è diversa da un Paese all'altro dell'Europa Occidentale e dell'Europa *tout court*. E le barriere linguistiche sono ancora oggi formidabili, anche se non certo più come lo erano mezzo secolo fa o anche soltanto trent'anni fa, e sottendono a molte altre differenze cruciali in termini culturali, di stili di vita, di assetti politico-istituzionali e, soprattutto, di

[13] Andorra, Channel Islands, Isole Faroe, Gibilterra, Stato del Vaticano, Isola di Man, Liechtenstein, Principato di Monaco, San Marino.

identità nazionali. Tra la Finlandia e il Portogallo si può star certi che passano differenze incomparabili rispetto a quelle tra due qualunque dei 50 Stati che compongono gli Stati Uniti.

Nonostante queste precisazioni può rimanere tuttavia il sospetto che la primazia europea possa ridursi a una mera questione formale tra Stati che non sono veri Stati e Stati che lo sono a tutti gli effetti. Come dissiparlo?

Si potrebbe pensare di dirimere la questione in base a un criterio improntato al pragmatismo più a buon mercato: togliere dal computo dei migranti internazionali dell'Europa Occidentale quei migranti che vengono da Paesi della stessa Europa Occidentale, così ristabilendo una parità con gli Stati Uniti: quanti da un Paese dell'Europa Occidentale vanno ad abitare e vivere in un altro Paese dell'Europa Occidentale non sono in questo modo considerati migranti, vengono espunti dal computo. Solo che, se facciamo così, frana la definizione di migrante internazionale e, letteralmente, nessun conteggio dei migranti internazionali può più essere affrontato. Chi dall'Austria o dalla Spagna va a stabilirsi in Inghilterra o in Svezia, o viceversa, non è forse un migrante internazionale?

No, deve essere accettato il fatto che quando una persona va ad abitare in un altro Paese e, secondo la definizione dell'ONU, lo fa per più di un anno, acquisisce la figura e lo *status* di migrante internazionale, anche se irregolare, e l'insieme di queste persone danno luogo ai contingenti di migranti internazionali dislocati nei vari Paesi del mondo in un dato momento.

Ma c'è poi un altro elemento da considerare.

Ne abbiamo già accennato: la metà degli immigrati

in Europa Occidentale viene dall'Europa, di questi poco meno della metà viene dall'Europa dell'Est. Cosicché l'immigrazione in Europa Occidentale viene, contando un po' all'ingrosso, per due quarti (la metà) da fuori dell'Europa, per un quarto dall'Europa dell'Est e per un quarto dalla stessa Europa Occidentale. Detto dunque che per i tre quarti i migranti internazionali in Europa Occidentale vengono da fuori dei suoi confini, si deve considerare questa distribuzione dei migranti in Europa Occidentale come la controprova di una realtà assodata: *l'Europa Occidentale si presenta come meta di migrazione privilegiata per gli stessi europei, a cominciare da quelli dell'Europa dell'Est.* Il fatto che nella graduatoria dei 12 Paesi del mondo con più forte immigrazione siano presenti ben 5 Paesi dell'Europa Occidentale,[14] 4 dei quali nelle primissime posizioni subito dietro agli Stati Uniti (Germania, Inghilterra, Francia e Spagna), già dice quanto l'Europa Occidentale rappresenti un formidabile terminale delle rotte migratorie del mondo; ma l'altro fatto, che quasi il 50 per cento di queste rotte vengano per la metà dai Paesi dell'Est Europa e per l'altra metà dai Paesi della stessa Europa Occidentale, lungi dall'essere letto in contraddizione con la capacità dell'Europa Occidentale di esercitare un'attrazione sui migranti di tutto il mondo – pur se con gradi diversi a seconda delle diverse regioni del mondo –, deve essere letto come il completamento

[14] I Paesi europei compresi nella graduatoria sono 6 e non 5, ma uno, la Russia, è un Paese, il Paese per eccellenza dell'Europa dell'Est – i cui emigranti sono peraltro, come si è visto nel testo, molti di più degli immigrati.

della capacità dell'Europa Occidentale di presentarsi come terra di opportunità anche agli occhi degli stessi europei, a cominciare da quelli dell'Europa dell'Est, che quelle opportunità non trovano in patria e ricercano altrove – non certo casualmente proprio nell'Europa Occidentale.

Così, per concludere, non c'è niente di spurio, di incongruo nel confronto, così come lo abbiamo presentato e discusso nel capitolo precedente, tra Europa Occidentale e Stati Uniti, né questo confronto è stato minimamente in questa sede distorto al fine di far risaltare una inesistente – e immeritata – nuova primazia europea come terminale delle rotte migratorie che si sono dispiegate negli ultimi anni e che hanno portato nel 2024 all'ammontare di 304 milioni di migranti internazionali nel mondo.

2. *Occidente!*

Ma in Europa non ci si limita ad arrivare, ovviamente anche dall'Europa si parte – si emigra – per altri lidi, come del resto abbiamo già avuto occasione di dire. Ma per quali lidi, quali destinazioni? Quanti emigrano in Europa arrivano, si è appena visto, per almeno la metà da fuori Europa – e per l'altra metà dalla stessa Europa. E gli europei che al 2024 erano definiti come migranti internazionali, stranieri in Paesi diversi dai loro Paesi di origine, dov'è che sono andati a emigrare? In quali regioni e continenti abitano e vivono?

Abbiamo scelto, ai fini di un discorso ancora più generale sui migranti europei, di non distinguere gli europei dell'Est da quelli dell'Europa Occidentale e di limitarci, intanto, ai continenti in cui sono andati a risiedere (Tav. 14).

Sono 61 milioni gli europei che nel 2024 apparivano come migranti internazionali nelle diverse regioni del mondo (si veda la *Tav. 2 testo* di p. 88). Di questi più di 45 milioni, pari al 74 per cento, risiedono in qualche Paese europeo; e solo 15,8 milioni, pari al 26 per cento risiedono negli altri continenti, dei quali 6,6 milioni in America del Nord, 4,9 milioni in Asia, 2,5 milioni in Oceania (al gran completo in Australia-Nuova Zelanda) e minimi contingenti in America Latina e Caraibica e in Africa dove oggi risiedono appena 0,6 milioni di europei che hanno preso la via dell'emigrazione, l'1 per cento scarso dei migranti internazionali europei.

Questi dati meritano un'attenzione molto particolare perché:

a. ci dicono che di 4 europei che emigrano 3 scelgono di restare in Europa, e solo 1 su 4 sceglie come terra d'emigrazione un continente diverso dall'Europa;
b. permettono un confronto immediato con gli immigrati in Europa, che vengono per almeno la metà da fuori dall'Europa. Cosicché possiamo concludere dicendo che l'Europa non ha soltanto molti più immigrati che emigrati (94 milioni contro 61 milioni), ma che gli immigrati in Europa vengono dagli altri continenti molto più di quanto gli europei che emigrano non vadano negli altri continenti: conclusione che suona come una forte conferma di quanto abbiamo appena detto sulla capacità dell'Europa di offrire occasioni e prospettive

a quanti emigrano e di presentarsi come terra di opportunità anche agli occhi degli stessi europei, e non solo degli europei dell'Est Europa;

c. ci mostrano come l'emigrazione dall'Europa guardi quasi esclusivamente all'Occidente. Il totale dei migranti europei in Europa, Nord America e Australia-Nuova Zelanda rappresenta poco meno del 90 per cento dei migranti europei: 9 europei su 10 che emigrano scelgono l'Occidente.

Così non soltanto l'Europa Occidentale ha un'immigrazione che viene dall'Occidente più di quanto non succeda per gli Stati Uniti, ma l'emigrazione dall'Europa è di stampo ancor più occidentale, indirizzata com'è quasi al gran completo in Occidente. E infatti, mentre gli stranieri che al 2024 risiedono in Europa Occidentale vengono *solo* per il 57 per cento dalle regioni occidentali, il 90 per cento di quanti emigrano dall'Europa abitano in regioni e Paesi occidentali: è cioè molto più occidentale l'emigrazione dall'Europa che non l'immigrazione verso l'Europa, cosicché se gli europei scelgono quasi all'unanimità l'Occidente quando emigrano non sono altrettanto occidentali gli immigrati che arrivano in Europa Occidentale anche, per la metà, dalle altre parti del mondo. In ciò c'è una doppia conferma di:

a. come *a dispetto di tutte le ideologie, e i discorsi a esse improntati, gli europei che vanno a stabilirsi all'estero scelgano Paesi occidentali ad alto reddito*. Una controprova di ciò sta in quello striminzito 1 per cento di migranti europei che sceglie di stabilirsi in Africa. Chiaro che l'Africa offre scarse opportunità; ma è altrettanto chiaro che, quando sceglie di emigrare – e per gli europei non è improprio usare il verbo «scegliere» –, un europeo è proprio a questo che guarda: alle opportunità che gli si presentano altrove;

b. quanto l'Europa Occidentale sia capace di esercitare un'attrazione sui flussi migratori che, per quanto a maggioranza occidentali, vanno molto al di là dell'Occidente.

Ma eccoci arrivati a un punto diciamo pure topico: se di 100 stranieri che abitano in Europa Occidentale 57 vengono dall'Occidente (dei quali quasi 50 dalla stessa Europa), lo spazio per processi reali di melting pot non si riduce forse *già in partenza* assai sensibilmente? Troppo sensibilmente?

Ma è poi così vero che una prospettiva o possibilità di melting pot moderno è fortemente compromessa se non proprio impedita semplicemente perché gli immigrati in Europa Occidentale sono in prevalenza occidentali a loro volta?

Non si tratta di domande semplici. Anche soltanto per provare a rispondervi dobbiamo tornare ai migranti internazionali che abitano in Europa Occidentale – e che sono, ricordiamolo 75,4 milioni, e di 65,6 milioni di questi si conosce il Paese di origine – e passare a una ricognizione più specifica delle nazionalità dei migranti presenti non già nel complesso dell'Europa Occidentale bensì nei Paesi che dell'Europa Occidentale sono i più importanti sotto un doppio profilo: per il numero assoluto dei migranti che vi abitano e per la proporzione o percentuale che essi rappresentano delle loro popolazioni.

Ma prima di aprire questo capitolo torniamo un attimo a riflettere sulla problematicità dei processi di melting pot in una realtà come quella dell'Europa Occidentale, segnata com'è da una vena di occidentalità degli immigrati che appare dominante.

Si è appena visto come, mentre il 57 per cento dei migranti internazionali residenti in Europa viene da Paesi occidentali (e quasi il 50 per cento dalla stessa Europa), solo il 13 per cento dei migranti internazionali che abitano negli Stati Uniti viene da Paesi occidentali. Si tratta di due percentuali che sebbene sembrino aprire a possibilità di melting pot negli Stati Uniti, questa possibilità paiono invece precluderla all'Europa Occidentale.

Appare infatti assai problematico concepire una possibilità di melting pot tra simili, se non proprio tra uguali. Al contrario, possibilità di melting pot si aprono quando si incontrano popolazioni diverse tra di loro, e meglio ancora se molto diverse, per etnia, cultura, storia, lingua, modi di pensare e di vivere. Il melting pot è un processo che porta una popolazione a rimodellamenti continui nel tempo della propria identità proprio perché fonde le diversità riducendone e stemperandone la forza nel crogiuolo che viene dalla loro commistione. Ma quale commistione può mai esserci tra stranieri residenti in Europa Occidentale e cittadini europei se i primi sono nella loro maggioranza occidentali al pari degli europei – e, anzi, sono a loro volta proprio europei, anche se in maggioranza europei dell'Est? Quale melting pot può mai scaturire, se anche ci fossero numeri e dinamiche sufficienti per il melting pot, dall'incontro, la commistione, di popolazioni che non hanno tra di loro sufficienti gradi di diversità, di lontananza culturale e di civiltà?

Si tratta di un interrogativo che conviene affrontare partendo dal verificare meglio *chi sono* i migranti internazionali proprio in quei Paesi europei che appaiono nella graduatoria dei primi 12 Paesi del mondo per numero di migranti internazionali al 2024, ovvero, in ordine decrescente per numero di migranti: Germania, Inghilterra, Francia, Spagna e Italia.

Il perché di questa scelta è presto detto: perché logiche di melting pot sono eventualmente meglio rintracciabili, in quanto più evidenti, in singoli Paesi e in particolare nei più popolosi dell'Europa Occidentale, dove i migranti internazionali sono molti e rappresentano una quota importante della popolazione.

Ciò può sembrare contraddire quel che abbiamo detto dell'Australia, uscita dal nostro discorso sul melting pot nonostante gli 8,1 milioni di immigrati su appena 27 milioni di abitanti. Ora, detto che quel che più ci interessa davvero è il confronto tra i grandi poli d'attrazione dell'immigrazione mondiale, l'Europa Occidentale e gli Stati Uniti, si deve fare il punto sulla diversità dell'Australia con i cinque Paesi europei summenzionati, mettere in chiaro i motivi che danno comunque ragione della scelta di tenere l'Australia fuori dal discorso del melting pot che ci apprestiamo a condurre. Intanto le dimensioni della popolazione: l'Australia non arriva a 27 milioni di abitanti; nei principali Paesi dell'Europa Occidentale gli abitanti oscillano tra gli 85 milioni della Germania e i 48 milioni della Spagna, con quattro Paesi dei cinque che hanno da più del doppio a tre volte gli abitanti dell'Australia – e con la stessa Spagna che ha l'80 per cento di abitanti in più. E, secondo e ancor più decisivo motivo, quel che potremmo definire il contesto o lo scenario, ovvero il più ampio quadro dell'immigrazione così come si presenta nella regione geografica in cui ricade ciascuno di quei cinque Paesi, sia essa una singola regione dell'Europa o l'intera Europa Occidentale. L'Australia fa parte a sé, non rientra in alcun contesto, né può la sua immigrazione – sostanzialmente asiatica, in secondo luogo europea, nient'affatto africana o dell'America del Nord – essere misurata e confrontata alla luce di questo contesto. Diversamente, per ciascuno dei cinque Paesi europei il discorso può essere al tempo stesso allargato e inserito in un ambito più vasto che ne dà meglio ragione e lo rafforza.

Resta oltretutto il fatto che l'Australia, oltre a essere una realtà di modeste dimensioni demografiche e che fa storia a sé, si colloca perifericamente rispetto alle grandi rotte migratorie che *designano* indiscutibilmente Europa Occidentale e Stati Uniti come i due grandi poli attrattivi dei migranti internazionali.

Ciò detto, per quanto riguarda il *chi sono* gli immigrati il carattere di gran lunga più importante dei migranti, specialmente se visto in ottica di melting pot, è ancora di più il Paese di origine.

3. Germania. L'immigrazione viene dall'Est (e dalla Turchia)

Primo Paese europeo per numero di migranti internazionali residenti nel 2024, secondo nel mondo dietro solo agli Stati Uniti, la Germania con 16,8 milioni di migranti detiene anche il record in Europa per l'incidenza degli stranieri nella popolazione: quasi 20 stranieri (19,8) ogni 100 abitanti (si veda la Tav. 15 alla voce *Germania*), molto superiore all'incidenza degli Stati Uniti e seconda solo a quella dell'Australia e dei Paesi del Golfo.

Per la sua posizione geografica la Germania ha un'immigrazione che viene in misura prevalente dall'Europa e in modo particolarissimo dall'Europa dell'Est. Dominano infatti la graduatoria dei principali Paesi dai quali provengono i migranti in Germania tutti Paesi dell'Est europeo: Polonia in primis, quindi Ucraina, Russia e Romania.

Paradossalmente, il Paese europeo con il più alto numero di migranti internazionali e la più alta incidenza di migranti nella popolazione è al contempo quello con la minore diversificazione territoriale dei migranti, che arrivano pressoché al gran completo dall'Europa (per il 63 per cento) e dall'Asia (per oltre il 34 per cento). Dall'Asia spicca il contributo della Turchia, con 1,5 milioni di migranti residenti nel 2024, seconda solo alla Polonia. Del resto, quella turca verso la Germania è una migrazione di vecchia data e di lunga tradizione.

Tra Africa, Nord America, America Latina e Caraibica, e Oceania non si arriva a mezzo milione di migranti internazionali presenti in Germania, che dunque ha una *presa* molto forte su alcune regioni del mondo – l'Europa dell'Est e secondariamente l'Asia Occidentale – e praticamente inconsistente su altre.

In proporzione, i migranti che provengono dall'Europa dell'Est rappresentano il 46 per cento di tutti i migranti in Germania; più del doppio della percentuale che i migranti dal Messico rappresentano dei migranti negli Stati Uniti (23,1 per cento). In termini squisitamente numerici l'Europa dell'Est rappresenta per la Germania incomparabilmente di più di quel che rappresenta il Messico per gli Stati Uniti. Tutte le problematiche relative all'immigrazione – ne abbiamo qui una conferma clamorosa – non si fermano certamente alla sua dimensione puramente numerico-quantitativa: se così fosse in Germania avremmo già avuto da tempo un'autentica insurrezione contro l'immigrazione dall'Europa dell'Est.

4. *Inghilterra. L'immigrazione più asiatica*

Ha una forte provenienza dall'Asia, la più forte tra tutti i Paesi europei, l'immigrazione in Inghilterra (Tav. 15, *Inghilterra*).

Anche se pure in Inghilterra è di poco prevalente, come già in Germania, l'immigrazione che viene dall'Europa – e tra le regioni europee quella che viene dall'Europa dell'Est –, l'immigrazione asiatica distanzia nettamente quella dagli altri continenti.

L'area asiatica formata da India, Pakistan e Bangladesh, con 2 milioni d'immigrati residenti in Inghilterra, è sia pure di poco più forte di quella dell'Europa dell'Est formata da Polonia, Romania e Ucraina, ed è impossibile non leggere nella provenienza asiatica di buona parte dell'immigrazione in Inghilterra – come sarà a maggior ragione, come vedremo, per la Francia con l'immigrazione che viene all'Africa del Nord e per la Spagna con l'immigrazione che viene dall'America Latina e Caraibica – il lascito delle vicissitudini storiche, oggi rilette e indagate con spirito peggio che critico dalle élite occidentali, legate alla volontà di conquista del colonialismo europeo già a partire dalla fine del XV secolo.

Non proprio come in Germania, ma anche in Inghilterra la parte del leone in termini di migranti la fa l'Europa (più del 42 per cento), seguita dall'Asia (38 per cento), lasciando poco agli altri continenti. Tuttavia l'Africa, con 1,1 milioni d'immigrati contribuisce per quasi il 13 per cento agli stranieri che risiedono in Inghilterra, mentre, come già in Germania, Nord America, America Latina e Caraibica e Oceania sono molto poco rappresentate tra i migranti internazionali in Inghilterra.

5. Francia. La prevalenza dell'Africa

Nell'immigrazione in Francia l'Europa perde nettamente la prima posizione tra i continenti d'immigrazione a favore dell'Africa, e in modo particolarissimo dell'Africa del Nord.

Ben il 53 per cento di tutti i migranti internazionali residenti in Francia nel 2024 vengono dall'Africa, contro il 30 per cento rappresentato dai migranti dall'Europa, all'interno della quale è per una volta – e sarà la sola – l'Europa del Sud e non quella dell'Est a risultare prevalente sulle altre regioni d'Europa.

Come già per Germania e Inghilterra, anche i migranti internazionali in Francia al 2024 si suddividono sostanzialmente tra due continenti, l'Africa e l'Europa, che assieme forniscono l'83 per cento di tutti i migranti in questo Paese, con la duplice differenza però dell'Africa al posto dell'Asia e del primato del continente africano su quello europeo. Una quota non propriamente residuale – come già avveniva in Inghilterra per l'Africa – è tuttavia fornita dall'Asia, che contribuisce per il

12 per cento al totale dei migranti internazionali in Francia.

L'immigrazione dall'Africa alla Francia viene in misura del tutto prevalente, com'era facile aspettarsi, anche qui sull'onda dei passati storici, dall'Africa del Nord: Algeria, Marocco e Tunisia con circa 3 milioni di migranti che contribuiscono per i tre quarti all'immigrazione dall'Africa e per più di un terzo a quella totale.

Tra i Paesi europei è invece un autentico stillicidio senza vere punte, se si esclude quella relativa del Portogallo: la Francia pesca un po' da tutti i Paesi d'Europa senza pescare in modo davvero importante da nessuno – sempre con la parziale eccezione del Portogallo, che doppia per migranti in Francia tanto l'Italia che la Spagna.

6. *Spagna. Dall'America Latina, il legame più antico*

Anche in Spagna, come in Francia, l'Europa non ha il primato degli immigrati qui residenti, ch'è invece appannaggio dell'America Latina e Caraibica, che contribuisce con poco meno del 50 per cento al totale dei migranti in questo Paese.

E così dopo l'Asia in Inghilterra, che se pure veniva dopo l'Europa rappresentava poco meno del 40 per cento dell'immigrazione in quel Paese, e dopo l'Africa in Francia, che vanta invece una presenza di migranti addirittura maggioritaria (53 per cento), un altro continente che non è l'Europa, l'America Latina e Caraibica, s'impone nell'immigrazione in uno dei maggiori Paesi dell'Europa Occidentale. E di nuovo non si può rinunciare al richiamo delle vicende storiche, evidentemente condizionanti anche dopo secoli, in virtù di legami che si sono conservati nel tempo.

È invece soprattutto la vicinanza geografica, ben poco ostacolata dal braccio di Mediterraneo che separa la Spagna dall'Africa, a determinare, tra tutti i Paesi, la prima posizione del Marocco tra i migranti in Spagna.

Detto che, con le eccezioni di Marocco e Romania, sono tutti Paesi dell'America Latina – Colombia, Venezuela, Ecuador, Argentina e Perù – quelli che più contribuiscono all'immigrazione in Spagna, due elementi di questa immigrazione meritano una sottolineatura:

a. l'Europa contribuisce all'immigrazione in Spagna in una proporzione assai più piccola di tutti gli altri Paesi – solo per il 26 per cento, appena un migrante su 4 in Spagna viene dall'Europa;
b. America Latina più Europa contribuiscono per meno del 76 per cento all'immigrazione in Spagna, cosicché c'è posto per un contributo non indifferente dell'Africa – il 17 per cento – e per un non del tutto inconsistente contributo pure dell'Asia (6 per cento). In Spagna l'immigrazione allarga, per così dire, lo spettro della sua rappresentatività internazionale.

7. *Italia. L'immigrazione eclettica*

È indiscutibilmente l'Italia a vantare la più alta rappresentatività internazionale dell'immigrazione entro i suoi confini. È vero che la provenienza dei migranti in Italia viene per il 49 per cento, e dunque per quasi la metà, dall'Europa – con una forte prevalenza dell'Europa dell'Est. Ma il 51 per cento che rimane lungi dal concentrarsi in special modo in un altro continente – com'è per l'Inghilterra con l'Asia, per la Francia con l'Africa, per la Spagna con l'America Latina – si distribuisce in tre parti non così dissimili tra Africa, Asia e Americhe, che detengono rispettivamente il 20, il 18 e il 13 per cento dei migranti internazionali in Italia.

Potremmo azzardarci a parlare di una maggiore internazionalizzazione *tout court* dell'immigrazione in Italia. In effetti nessun Paese come l'Italia presenta un così alto numero di Paesi che contribuiscono in una misura significativa alla presenza di migranti internazionali entro i suoi confini. Ma questo potrebbe anche dipendere dal fatto che tutti i migranti internazionali in Italia risultano classificati secondo il Paese di origine, cosa che non succede negli altri Paesi di forte immigrazione appena esaminati, e specialmente in Germania e in Inghilterra, dove gli immigrati di cui non si conosce il Paese di origine superano il 20 per cento. Ma se proprio non si intende parlare di maggiore internazionalizzazione si può senz'altro parlare di maggiore eclettismo, nel senso migliore del termine, dell'immigrazione in Italia. Confermato dalla lista dei principali Paesi d'immigrazione che comprende Paesi dell'Europa dell'Est (Romania, primo Paese per migranti in Italia, Ucraina, Moldavia), dell'Europa del Sud (Albania), dell'Africa (Marocco), dell'Asia (Cina, India e Bangladesh) e, subito dopo, se allungassimo appena la lista, pure dell'America Latina (Brasile e Perù).

8. Una prima considerazione riassuntiva: la fortuna dell'Europa Occidentale

Da un lato dunque la storia, i legami stabiliti tra i maggiori Paesi europei e le regioni e i Paesi di altri continenti attraverso processi storici (scoperte geografiche, nuove rotte commerciali, colonialismo) che già dal Cinque e Seicento si affermano nel mondo, e dall'altro la posizione geografica finiscono per determinare una sorta di spartizione tra questi Paesi delle aree di immigrazione che sembra preordinata da una accurata regia, una regia che non intende lasciarsi scappare niente delle migrazioni internazionali da qualunque parte della terra provengono, così da fare dell'Europa Occidentale un terminale delle rotte migratorie al quale tutte, nessuna esclusa, sono collegate.

Ed ecco allora la Germania «farsi carico» dell'immigrazione dall'Europa dell'Est; l'Inghilterra di quella dall'Asia del Sud-Sudest; la Francia di quella dall'Africa del Nord; la Spagna di quella dall'America Latina e Caraibica; l'Italia un po' da tutte queste regioni, anche se in misura minore rispetto agli altri Paesi. Non resta fuori niente se si considera che dall'America del Nord e dall'Oceania le migrazioni verso il resto del mondo sono minime, briciole che si traducono complessivamente in alcune centinaia di migliaia di migranti in Europa Occidentale.

In effetti, non si sarebbe potuto chiedere di meglio a una spartizione di competenze che fosse stata stabilita di comune accordo tra i grandi Paesi europei con l'obiettivo di abbracciare tutta l'immigrazione possibile, senza lasciar fuori nessuna regione del mondo.

Ma è proprio questo che vogliono i Paesi europei occidentali? Abbracciare tutta l'immigrazione che riescono ad attrarre, da tutte le parti del mondo?

Ciascuno di questi Paesi – e l'Europa Occidentale, e l'Europa in quanto continente – ha bisogno dell'immigrazione. Chiunque conosca un minimo le tendenze demografiche di quest'area del mondo sa che senza l'apporto dell'immigrazione questi Paesi e l'Europa, Occidentale e nella sua interezza, non hanno via d'uscita, non almeno in un futuro lontano.

Ma dunque, quanta immigrazione sono disposti ad accettare e accogliere quei Paesi, e l'Europa? Qui è il punto, ed è questo punto a determinare le politiche di ciascun Paese verso l'immigrazione. Un punto chiaramente condizionato da molti fattori, culturali e politici, psicologici perfino, che non attengono solo e soltanto alle necessità oggettive che in materia demografica si possono ragionevolmente prevedere Paese per Paese.

Non ci addentreremo, non è tema di questo saggio, in una tale, e non poco controversa, problematica. Piuttosto, è da sottolineare come l'eclettismo nei confronti dell'immigrazione, sempre inteso nel suo significato più alto come capacità di giocare al meglio su più tavoli, ovvero sulle caselle più importanti dello scacchiere migratorio internazionale, non è della sola Italia bensì, molto di più, dell'insieme dei cinque Paesi principali dell'Europa Occidentale intesi come un unico sistema interconnesso (e ovviamente, e per conseguenza, della stessa Europa Occidentale in quanto tale). E questo, si badi bene, anche se quei Paesi sono lontani dal potersi considerare un unico sistema interconnesso che come tale agisce nei confronti dei flussi migratori. Perché sta di fatto che i risultati sono quelli che abbiamo testé sottolineato e sembrano sortire da una strategia che solo un comando sovranazionale che sovrintendesse alle politiche migratorie avrebbe potuto raggiungere.

Ora, questo non è propriamente un mistero, come si è detto a inizio paragrafo accennando ai trascorsi storici e alla posizione geografica di Paesi come l'Inghilterra, la Francia, la Spagna, ma è sicuramente un vantaggio. Un vantaggio soprattutto in prospettiva, quando più torneranno utili i migranti internazionali per tenere ancora in posizioni di rilievo popolazioni altrimenti destinate a una parabola discendente della loro vitalità. Peraltro, parlare esclusivamente di fortuna non rende giustizia all'azione dell'Europa moderna, che qualche merito deve pur averlo avuto se è riuscita a guadagnarsi questa posizione di centralità rispetto ai flussi dei migranti internazionali del mondo intero.

Ma di questa centralità abbiamo ancora da definire alcuni elementi che torneranno utili quando nei prossimi due capitoli entreremo nel merito del melting pot attuale, un melting pot che attinge le sue possibilità dagli essenziali caratteri della quantità e della provenienza dei migranti internazionali che abbiamo poco fa sintetizzato per Germania, Inghilterra, Francia, Spagna e Italia: i cinque grandi Paesi dell'Europa Occidentale per popolosità, presenza di migranti internazionali e rilevanza economico-politica.

9. *Le grandi aree di migrazione verso i più importanti Paesi europei: affinità e lontananze*

Come abbiamo visto nel paragrafo 7 del capitolo precedente, mentre all'Europa Occidentale occorrono ben

15 Paesi per superare il 50 per cento dei 65,6 milioni di migranti internazionali lì residenti al 2024 dei quali si conosce il Paese di origine, bastano 8 Paesi agli Stati Uniti per superare il 50 per cento dei 48,9 milioni per lo stesso parametro. Siamo dunque in presenza di un più marcato accentramento dei migranti tra pochi Paesi negli Stati Uniti e di una maggiore dispersione dei migranti tra molti Paesi nell'Europa Occidentale. Una differenza rimarcata dal peso che assume il Messico nell'immigrazione negli Stati Uniti, della quale è il primo Paese con il 23,1 per cento degli immigrati residenti al 2024, rispetto al peso che assume la Polonia nell'immigrazione nell'Europa Occidentale, della quale è il primo Paese con appena il 5,9 per cento degli immigrati residenti in questa regione.

In linea teorica si capisce benissimo che più sono i migranti presenti a un dato momento in un certo Paese o regione e più Paesi d'emigrazione verso quel Paese o regione occorreranno per superare il 50 per cento di migranti a quella data in quel Paese o regione. Che dunque occorressero più Paesi all'Europa Occidentale che agli Stati Uniti per superare la soglia del 50 per cento dei migranti residenti era abbastanza prevedibile. E tuttavia la differenza tra 15 e 8 Paesi per superare il 50 per cento degli immigrati è ben più marcata della differenza del numero degli immigrati residenti in Europa Occidentale rispetto a quelli residenti negli Stati Uniti. Cosicché si deve pensare a una effettiva maggiore concentrazione dei migranti negli Stati Uniti tra meno Paesi rispetto all'Europa Occidentale.

Ma l'Europa Occidentale è un insieme di molti grandi Paesi – non di Stati federali (e federati) come gli Stati Uniti – dei quali abbiamo analizzato nei paragrafi precedenti le provenienze dei migranti residenti in ciascuno di essi.

I primi Paesi per numero di immigrati residenti nei cinque Paesi più grandi dell'Europa Occidentale – e tra i primi 12 del mondo per numero di immigrati – sono situati in tre diverse regioni del mondo:

a. Polonia (Germania) e Romania (Italia) in Europa dell'Est;
b. Algeria (Francia) e Marocco (Spagna) in Nord Africa;
c. India (Inghilterra) in Asia del Sud.

Ciò non aggiunge molto a quanto già sappiamo sulla molteplicità delle provenienze dei migranti in Europa Occidentale. Ma due elementi meritano una sottolineatura.

a. Il primo: c'è uno stacco notevole tra ciò che rappresenta in temini di migranti il Messico per gli Stati Uniti e quel che rappresentano i primi Paesi per numero di migranti rispettivamente in Germania, Inghilterra, Francia, Spagna e Italia. Il Messico rappresenta quasi un quarto dei migranti negli Stati Uniti, mentre mediamente i primi Paesi negli Stati europei rappresentano un ottavo dei migranti, con la sola eccezione dell'Algeria, che rappresenta in Francia un sesto dei migranti. Non solo: gli oltre 11 milioni di migranti dal Messico rappresentano il 3,2 per cento della popolazione statunitense; diversamente i migranti dei primi Paesi per numero di migranti residenti nei grandi Paesi dell'Europa Occidentale rappresentano poco più del 2 per cento delle popolazioni di Germania, Francia e Spagna e circa l'1,5 per cento delle popolazioni di Inghilterra e Italia. Un'ulteriore conferma del fatto che nessun Paese d'immigrazione eguaglia neppure alla lontana nell'Europa Occidentale (la qual cosa equivale a dire nel mondo) quel che rappresenta il Messico per gli Stati Uniti.

b. Il secondo: la Germania ha un quarto della popolazione degli Stati Uniti; tra un quinto e un sesto ne hanno Inghilterra, Francia e Italia; un nono ne ha la Spagna. E tuttavia il numero di Paesi che occorrono per superare il 50 per cento di immigrati in questi Paesi non è molto diverso da quello degli Stati Uniti: solo la Germania mostra una concentrazione tra pochi Paesi, con 5 Paesi (4 dell'Europa dell'Est più la Turchia) che le sono sufficienti a superare il 50 per cento dei migranti internazionali sul suo territorio. All'Italia, che pure ha un sesto degli abitanti degli Stati Uniti, serve addirittura un Paese in più – 9 contro 8 – di quanti ne servono agli Stati Uniti: segno evidente di una frammentazione molto spinta dell'immigrazione in Italia quanto a Paesi di origine dei migranti. A Inghilterra, Francia e Spagna servono 7 Paesi, appena uno in meno di quelli che servono agli Stati Uniti, pur avendo popolazioni che oscillano tra un quinto e un nono di quella degli Stati Uniti.

Il quadro è chiaro, dunque, e va nel senso, anche guardando ai singoli grandi Paesi dell'Europa Occidentale, della frammentazione più che non in quello dell'accentramento dei migranti tra pochi Paesi di origine.

Ma per completare il quadro manca ancora un elemento, il più importante, quello che attiene non già ai singoli Paesi che contribuiscono all'immigrazione nei cinque grandi Paesi dell'Europa Occidentale bensì ad aree d'immigrazione formate da Paesi tra loro confinanti che contribuiscono a questa immigrazione. Ora, si dà il caso (ma il caso non c'entra nulla) che siano chiaramente individuabili aggregati di Paesi, Paesi contigui, confinanti tra di loro, che se considerati – e non si vede perché non dovremmo farlo – come un'unica area geografica di origine dei migranti che abitano nei principali Paesi europei, determinano un diverso modo di considerare l'opposizione tra accentramento e dispersione dei migranti in questi stessi Paesi.

Queste aree, dalla più alla meno importante, sono:

a. Polonia-Ucraina-Romania-Repubblica Ceca: 4,6 milioni di migranti, pari al 34 per cento degli immigrati residenti in Germania e alla percentuale del 5,4 per cento della sua popolazione;
b. Algeria-Marocco-Tunisia-Mali: 3 milioni di migranti, pari al 36 per cento degli immigrati residenti in Francia e alla percentuale del 4,5 per cento della sua popolazione;
c. Colombia-Venezuela-Perù-Ecuador: 2,2 milioni di migranti, pari al 27 per cento degli immigrati residenti in Spagna e alla percentuale del 4,6 per cento della sua popolazione;
d. India-Pakistan-Bangladesh: 2 milioni di migranti, pari al 23 per cento degli immigrati residenti in Inghilterra e alla percentuale del 2,9 per cento della sua popolazione;
e. Romania-Ucraina-Moldavia: 1,5 milioni di migranti pari al 23 per cento degli immigrati residenti in Italia e alla percentuale del 2,5 per cento della sua popolazione.

Le aree che attengono rispettivamente alla Germania, alla Francia e alla Spagna fanno segnare, col loro numero di migranti, un apporto all'immigrazione in quei Paesi e un'incidenza percentuale dei migranti nella popolazione di quei Paesi superiori all'apporto del Messico all'immigrazione negli Stati Uniti e alla percentuale che i migranti di quel Paese rappresentano della popolazione totale; mentre le aree che attengono all'Inghilterra e all'Italia si pongono poco al di sotto dei valori rappresentati dal Messico come apporto all'immigrazione e come proporzione della popolazione degli Stati Uniti.

Trattasi di un elemento molto importante, perché c'è almeno una relativa omogeneità etnico-culturale all'interno di queste aree d'immigrazione nei grandi Paesi dell'Europa Occidentale e i migranti da queste aree sono in effetti sentiti, *percepiti dall'opinione pubblica* come provenienti da una stessa area geografica piuttosto ben definita e distinta dalle altre. Cosicché, anzi, l'immigrazione nei principali Paesi dell'Europa Occidentale è qui sentita come proveniente *più* dalle aree geografiche appena delimitate dell'Europa dell'Est, dell'Africa del Nord, dell'Asia del Sud, dell'America Latina *che non* da singoli Paesi di queste stesse aree che si collocano, geograficamente parlando, a mezza strada tra il dettaglio del singolo Paese e la dimensione più ampia delle regioni indicate dalla Population Division.

Dunque passando dai singoli Paesi d'immigrazione alle aree di immigrazione – aggregati di Paesi d'immigrazione con caratteri di omogeneità tra di loro – lo scenario cambia e in almeno tre Paesi europei su cinque di quelli considerati (Germania, Francia e Spagna) si assiste a una concentrazione dell'immigrazione decisamente superiore a quella rappresentata dal Messico per gli Stati Uniti – il nostro chiamiamolo pure termine di riferimento.

Questo pone anche il discorso del melting pot su un piano diverso, e diciamo così più possibilista.

E tuttavia anche con la considerazione di queste aree sovranazionali più specifiche si resta ancora all'interno di una valutazione troppo quantitativa. Per capirci: tanto l'area relativa alla Germania che quella relativa all'Italia sono costituite da Paesi dell'Europa dell'Est decisamente vicini, in tutti i sensi, rispettivamente alla Germania e all'Italia. Ma per quanto riguarda l'Italia, per esempio, è senz'altro avvertita come più problematica l'immigrazione dall'area formata da Marocco-Egitto-Tunisia che non quella formata da Romania-Ucraina-Moldavia, anche in conseguenza del fatto che sono 1,2 milioni i migranti che vengono dall'area del Nord Africa, non così quantitativamente inferiori agli 1,5 milioni di migranti che vengono dall'area dell'Europa dell'Est.

E che dire della Germania? Qui è addirittura rintracciabile un'ampissima area geografica che si estende dall'Asia Centrale a quella Occidentale all'interno della quale i Paesi – nell'ordine: Turchia, Kazakistan, Siria e Afghanistan – forniscono ben 3,7 milioni di migranti, non così lontani dai 4,6 milioni di migranti dall'area dell'Est Europa formata da Polonia-Ucraina-Romania e Repubblica Ceca. Ed ecco che anche per la Germania, e anzi a maggior ragione per la Germania, si pone la questione della più alta problematicità che presenta un'immigrazione da Paesi più lontani, anche in senso strettamente geografico, e meno affini, molto meno affini culturalmente, di quelli dell'Europa dell'Est.

Non ci possiamo dunque affidare al solo aspetto puramente quantitativo anche perché, per capirci, in termini di melting pot, di possibili processi di melting pot, per l'Italia è più importante l'area africana di quella dell'Europa dell'Est, mentre per la Germania è più importante l'area asiatica. E ciò in ragione proprio della maggiore lontananza, sotto tutti gli aspetti, dell'area africana e dell'area asiatica rispettivamente dall'Italia e dalla Germania di quanto non lo siano le due aree dell'Europa dell'Est relative a questi due Paesi.

Ciò ci fa capire che dobbiamo trovare il modo di far rientrare in maniera sistematica l'*elemento della lontananza* geografica e culturale dei Paesi di origine rispetto ai Paesi di destinazione, ch'è poi l'elemento qualitativo per eccellenza delle migrazioni internazionali, nella valutazione della problematicità e complessità dei migranti internazionali nei Paesi di residenza. A maggior ragione in quanto a questa problematicità e complessità sono collegati i processi di melting pot, che chiaramente non possono verificarsi se tra Paesi di origine e Paesi di destinazione dei migranti non ci sono che vicinanza geografica e affinità storico-culturali.

Costruire una sorta di graduatoria di tutti i Paesi in base alla loro vicinanza/lontananza (con tutto ciò che questi termini implicano) dai Paesi d'immigrazione dell'Europa Occidentale, anche qualora avesse un senso preciso (della qual cosa c'è da dubitare), porrebbe problemi insormontabili: lontananze e vicinanze cambiano, oltretutto, da Paese d'immigrazione a Paese d'immigrazione. Dobbiamo giocoforza accontentarci di quel che abbiamo già più o meno detto: le aree dell'Europa dell'Est sono culturalmente ed etnicamente più vicine all'Europa Occidentale delle altre aree di provenienza dei migranti che abitano nella regione; i migranti da queste aree presentano pertanto per i governi e le opinioni pubbliche dell'Europa Occidentale un minor grado di problematicità delle politiche di accoglienza e integrazione. E conviene, al riguardo, fermarsi proprio a una tale espressione di «grado di problematicità», ch'è senz'altro generica, e tuttavia indicativa di quel che si intende dire: maggiore o minore problematicità, e conseguente difficoltà, nell'affrontare le questioni inerenti all'immigrazione e alle connesse politiche di accoglienza e integrazione dei migranti.

Del resto quando si levano critiche ai governi, almeno a certi governi, perché attuano o tollerano un'immigrazione troppo aperta o libera non ci si riferisce semplicemente all'immigrazione illegale, ma anche all'immigrazione *più lontana*, a quella che viene da Paesi che poco o niente hanno di *occidentale* – diritti della persona, democrazia, libertà, uguaglianza uomo-donna –, all'immigrazione di migranti che sentiamo più diversi da ciò che noi siamo e dal nostro *way of life*, per dirla internazionalmente – e che dunque ci appare più complicato rendere più vicini, integrare nelle nostre società occidentali.

L'immigrazione porta vantaggi indiscutibili ai Paesi occidentali, europei e non solo – agli stessi Stati Uniti, ovviamente –, a cominciare da quelli demografici, così esiziali in Paesi, aree e regioni con tassi di natalità e fecondità patologicamente bassi, poco vitali riproduttivamente e di conseguenza a rischio anche sotto il profilo della loro forza economica per la sempre più evidente carenza di mano d'opera in settori decisivi del sistema economico-produttivo. Ma l'immigrazione comporta anche costi, problemi e conflitti, e non di poco conto, per i Paesi d'immigrazione. Che i tassi di criminalità degli immigrati siano superiori in pressoché tutti i Paesi dell'Europa Occidentale a quelli dei cittadini di questi Paesi è un dato di fatto. Si deve certamente discutere del perché succeda, ma non la si può negare. Vedere solo il buono e gli aspetti positivi dell'immigrazione non aiuta a capire l'immigrazione, piuttosto impedisce di agire più efficacemente sulla leva migratoria.

5
Ipotesi sui migranti a venire. Il caso Italia

1. *Un'efficace, invisibile regia*

Nel capitolo precedente ci siamo spinti fino a parlare di regia nell'ambito delle migrazioni internazionali. In effetti sembra davvero che, come in uno dei vertici del G7 più ancora che del G20, i maggiori Paesi dell'Europa Occidentale si siano accordati per suddividersi i migranti internazionali sulla base dei loro Paesi e regioni di origine in modo tale che non uno di questi Paesi restasse fuori da questa ripartizione.

La Population Division arriva a registrare ben 181 Paesi di origine dei migranti residenti nel 2024 in Europa Occidentale, contro soltanto 60 Paesi di origine dei migranti residenti negli Stati Uniti nello stesso anno. Una differenza impensabile. Non un solo Paese con meno di 100.000 migranti compare nell'elenco dei Paesi relativo agli Stati Uniti, mentre sono ben 90 i Paesi con meno di 100.000 migranti residenti che compaiono nell'elenco relativo all'Europa Occidentale.

Difficile, per non dire impossibile, che tra i migranti internazionali presenti negli Stati Uniti nel 2024 nessuno fosse originario di un Paese con meno di 100.000 immigrati negli stessi Stati Uniti. Merita ricordare proprio a questo proposito che i migranti per i quali non si conosce il Paese di origine sono 3,5 milioni tra i migranti negli Stati Uniti e 9,8 milioni tra i migranti in Europa Occidentale, e che dunque una maggiore approssimazione nelle statistiche sembrerebbe doversi registrare riguardo ai migranti in quest'ultima regione e non già riguardo ai migranti negli Stati Uniti. Sembra insomma di potersi dedurre anche da questo semplice conteggio dei Paesi con almeno 100.000 immigrati residenti rispettivamente in Europa Occidentale e negli Stati Uniti un'effettiva capacità attrattiva dell'Europa Occidentale *più universale* di quella esercitata dagli Stati Uniti.

Se si tolgono dal computo i Paesi con meno di 100.000 migranti, considerandoli a tutti gli effetti Paesi ininfluenti a comporre il quadro migratorio di Europa Occidentale e Stati Uniti, restano pur sempre 91 Paesi di origine dei migranti nell'Europa Occidentale contro i 60 negli Stati Uniti, un divario di oltre il 50 per cento che solo in parte è giustificato dal fatto che degli immigrati nell'Europa Occidentale si conosce il Paese di origine per un terzo di più di quelli degli Stati Uniti (rispettivamente, ricordiamolo ancora, 65,6 e 48,9 milioni).

C'è in questa conclusione una doppia valenza, che merita di essere ricordata un'ultima volta:

a. una superiore capacità attrattiva dei flussi migratori dell'Europa Occidentale rispetto a quella degli Stati Uniti;
b. una maggiore dispersione – ovvero una minore concentrazione – dei migranti nell'Europa Occi-

dentale tra più Paesi di origine (provenienza) rispetto ai migranti negli Stati Uniti.

Occorre però fare bene attenzione a quest'ultima conclusione. Essa vale per l'Europa Occidentale non in termini assoluti ma in rapporto agli Stati Uniti. Trattasi infatti di una conclusione che riguarda per dir così le due corazzate mondiali dell'immigrazione, i due grandi poli d'attrazione dei flussi migratori, e non ha invece molto senso per Paesi con scarsi contingenti di migranti che potrebbero arrivare anche da pochissimi Paesi e dunque possedere un alto grado di concentrazione che però significherebbe assai poco, essendo poco significativi i numeri coinvolti. In secondo luogo essa riguarda l'Europa Occidentale nella sua interezza, e niente ci autorizza a farne discendere considerazioni che riguardano singoli Paesi di questa regione. L'Europa Occidentale comprende, oltre a Germania, Inghilterra, Francia, Italia e Spagna di cui abbiamo detto nel capitolo precedente, altri cinque Paesi con più di 10 milioni di abitanti (in ordine discendente di popolosità: Olanda, Belgio, Svezia, Portogallo e Grecia) e 7 Paesi tra i 5 e i 10 milioni di abitanti. Una realtà molto variegata, insomma, all'interno della quale le situazioni di dispersione-accentramento dei migranti rispetto ai loro Paesi di origine si presentano assai diversamente nelle diverse realtà nazionali, rispetto alle quali l'Europa Occidentale fornisce soltanto il quadro di riferimento.

In ciascuno dei cinque grandi Paesi dell'Europa Occidentale, la situazione dei migranti internazionali si presenta con una sua singolarità, anche se riguardo al grado dell'accentramento/dispersione dei migranti le differenze sono minori rispetto a quelle che attengono alle aree di provenienza, invece assai più diversificate tra un Paese e l'altro. Ci sono altri caratteri dei migranti che si presentano diversamente da un Paese all'altro e che influiscono, con il loro modo di presentarsi, tanto sulla percezione del problema da parte delle opinioni pubbliche quanto, e forse perfino di più, sul diverso modo di affrontare il problema delle migrazioni e dei migranti da parte di governi e classi dirigenti.

Abbiamo parlato nel primo capitolo della femminilizzazione dei migranti, ovvero della proporzione che le femmine rappresentano dei contingenti di migranti internazionali al 2024 rispettivamente nel mondo, negli Stati Uniti, nell'Europa Occidentale e nei cinque più popolosi Paesi di quest'ultima regione. Trattasi di un carattere che non presenta differenze tra gli Stati Uniti e l'Europa Occidentale e solo modeste differenze tra i grandi Paesi dell'Europa Occidentale. Ma non è così tra il mondo occidentale e il mondo non occidentale; e non solo perché mentre tra gli immigrati in Europa Occidentale e Stati Uniti considerati complessivamente le donne, come abbiamo già visto sempre nel primo capitolo, rappresentano il 51 per cento mentre tra gli immigrati nel resto del mondo non arrivano a rappresentare il 46 per cento, ma anche perché se ricomponessimo l'intero Occidente di Europa più America del Nord più Australia-Nuova Zelanda quel divario si farebbe perfino più netto passando da più del 51 per cento di donne tra gli immigrati in Occidente a meno del 45 per cento di donne tra gli immigrati nel mondo non occidentale. Non è dunque questa, con tutta evidenza, una distinzione forzata al fine di voler evidenziare una dicotomia invece nascosta, se non proprio inesistente, nella realtà. La femminilizzazione dell'immigrazione è decisamente più marcata in Occidente, per i motivi che si sono visti nel paragrafo 2 del primo capitolo. Una componente dell'immigrazione in Occidente, questa della superiore femminilizzazione, che merita di essere sottolineata perché contribuisce a smorzare l'impatto emotivo che i migranti internazionali hanno nelle opinioni pubbliche dei Paesi occidentali a più forte immigrazione.

Ma dobbiamo a questo punto cominciare a raccogliere le fila di quel che siamo venuti fin qui dicendo per mettere meglio a fuoco il quadro degli elementi che determinano il carattere d'insieme della migrazione nei vari Paesi e regioni di cui ci stiamo occupando.

2. *Il carattere d'insieme di una migrazione*

In modo più o meno analitico e approfondito abbiamo parlato degli aspetti che determinano il carattere che assume in un dato Paese o regione il fenomeno dei migranti internazionali che qui risiedono a un dato momento, che in queste pagine è l'anno appena trascorso: il 2024.

«Carattere» è termine molto generale per significare l'insieme degli aspetti o qualità che, appunto, caratterizzano il modo di presentarsi dei migranti internazionali che risiedono in un Paese o regione diverso da quello di origine. Ne abbiamo enucleati, in vario modo, i seguenti quattro.

a. Il primo e il più importante è la proporzione, ovvero la percentuale, ovvero ancora l'incidenza che i migranti internazionali rappresentano della popolazione del Paese in cui risiedono;
b. il secondo è dato dalla velocità con cui il numero

dei migranti internazionali progredisce negli anni in questo Paese;

c. il terzo consiste nel grado di frammentazione o all'opposto di concentrazione dei migranti residenti in un determinato Paese valutato in base ai loro Paesi di origine;
d. il quarto è dato dalla composizione dei migranti internazionali residenti in un determinato Paese secondo il sesso.

Tra gli aspetti fondamentali dell'immigrazione in un qualsivoglia Paese ci sono anche: (1) il grado di diffusione o all'opposto di concentrazione dei migranti sul territorio; e (2) la loro composizione secondo l'età. Questo secondo aspetto, assai specifico, può essere tralasciato in questa sede, ma non prima di aver detto che l'età media dei migranti è molto più bassa di quella della popolazione dei Paesi di destinazione, dei Paesi in cui vanno a stabilirsi, dal momento che a migrare sono soprattutto individui delle età giovanili e al tempo stesso più produttive e riproduttive. Tra i migranti è molto basso l'indice di vecchiaia, perché pochi sono gli anziani, e il grosso dei loro contingenti si concentra mediamente tra i 18 e i 50 anni d'età. Ovviamente questa vitalità dei migranti in relazione alla loro età, e proprio in forza di essa, rappresenta un elemento che contribuisce anche a ingenerare un senso di diffidenza nelle popolazioni dei Paesi di destinazione, capaci di apprezzare a colpo d'occhio la grande distanza che separa il grado di giovinezza e vitalità dei migranti dal loro. L'ampia fascia d'età dai 18 ai 50 anni, infatti, oltre a essere quella con la più alta propensione tanto alla produzione che alla riproduzione, è anche quella in cui si delinque di più.

Impossibile, poi, analizzare l'elemento della distribuzione dei migranti sul territorio dei singoli Paesi – cosa che richiede per ciascun Paese uno studio approfondito.[15] Questo elemento è però molto importante per determinare il sentimento dell'opinione pubblica nei riguardi degli stranieri, essendo evidente che il forte accentramento dei migranti in certe realtà, specialmente nelle grandi città, accentua le problematiche relative all'accoglienza e all'integrazione, oltre a rendere più complesso affrontarle con politiche mirate e azioni concrete.

Ovviamente è del tutto logico aspettarsi maggiori concentrazioni di migranti in quei Paesi nei quali l'incidenza degli stessi nella popolazione è alta, perché se l'incidenza è bassa sarà più difficile che possano concentrarsi in certi ambiti territoriali (*in primis* metropoli e città grandi e medie, mete preferite dei migranti in quanto offrono più opportunità di lavoro, maggiori spazi per relazioni interpersonali e inserimento sociale) in misura tale da preoccupare. Così, tanto per esemplificare, concentrazioni di migranti più importanti e complesse da gestire sono da attendersi in Germania piuttosto che in Italia.

In linea generale, gli altri punti sono stati sufficientemente trattati, cosicché il carattere dei migranti negli Stati Uniti come nei principali Paesi dell'Europa Occidentale è sufficientemente ben delineato. Sappiamo abbastanza per poterci inoltrare nell'ultimo argomento, riassumibile nell'interrogativo: esistono prospettive di un nuovo melting pot nei Paesi occidentali (a) a seguito dell'aumento dei movimenti migratori negli anni

[15] Per quanto riguarda l'Italia si veda il mio *Gli ultimi italiani. Come si estingue un popolo*, Solferino, Milano 2022.

Duemila, e (b) in conseguenza dell'addensarsi dei migranti internazionali sul loro territorio?

Ora, una risposta a questa domanda chiama in causa, in via preliminare, un elemento che abbiamo sì già incontrato in questo saggio, ma che merita un approfondimento ulteriore: la velocità dell'aumento dei migranti entro i confini degli Stati occidentali.

3. *Ipotesi sull'ammontare dei migranti internazionali al 2030*

L'elemento che più ha fatto crescere l'apprensione per i movimenti migratori, e un sentimento di inquietudine nei loro confronti, è stato senz'altro la velocità con cui si sono espansi, segnatamente a partire dagli inizi del Duemila. Abbiamo visto nel primo capitolo (Tav. 1) come l'incremento medio annuo dei migranti a livello mondiale sia passato da 2,1 milioni nell'ultimo decennio del Novecento a 5 milioni nei primi venti anni di questo secolo a 7,1 milioni annui nel quadriennio 2020-2024. La velocità di crescita del fenomeno dei migranti internazionali è insomma triplicata tra il decennio 1990-2000 e il quadriennio 2020-2024. Un andamento inequivocabile che, se anche si mantenesse senza più aumentare, arriverebbe a determinare un ammontare di circa mezzo miliardo di migranti nei prossimi 25-30 anni, con un addensamento degli stessi proprio nei Paesi Occidentali, a cominciare da quelli dell'Europa Occidentale che hanno registrato una ben più alta velocità di crescita dei migranti rispetto agli Stati Uniti, segnatamente proprio negli ultimi anni.

Ma la prospettiva dei prossimi 25-30 anni può apparire troppo spostata nel tempo e soggetta a mutamenti difficilmente prevedibili, anche in conseguenza delle condizioni geopolitiche così confuse e problematiche degli ultimi anni. Guardare al 2030, oltre a essere molto più realistico, presenta un interesse più immediato.

Vediamo allora quanti migranti internazionali dobbiamo aspettarci al 2030 sulla base di due ipotesi di crescita degli attuali contingenti di migranti presenti al 2024: la prima calcolata in base al tasso medio di crescita registrato nei 34 anni dell'intero periodo 1990-2024 (da questo momento: prima ipotesi) e la seconda calcolata in base al tasso medio di crescita dell'ultimo quadriennio 2000-2024 (da questo momento: seconda ipotesi).

Abbiamo fatto queste previsioni per gli Stati Uniti e per l'Europa Occidentale, oltreché per il mondo, e all'interno dell'Europa Occidentale per i cinque Paesi più popolosi e altresì con il maggior numero di migranti internazionali residenti.

Poiché l'aumento medio annuo degli ultimi quattro anni è stato maggiore di quello dell'intero periodo e anche di periodi intermedi come gli anni 2000-2020, le previsioni calcolate sulla base dell'aumento medio annuo del quadriennio 2020-2024 sono più alte, nel senso che portano a un maggior numero di migranti nel 2030, di quelle fatte in base all'aumento medio annuo del periodo 1990-2024.

Ma la *Tav. 4 testo* evidenzia due eccezioni, a questo riguardo: gli Stati Uniti e l'Italia. Per entrambi questi Paesi infatti l'aumento dei migranti al 2030 è più alto seguendo l'aumento medio annuo di tutto il periodo che non quello del quadriennio 2020-2024. In queste due realtà, a differenza di tutte le altre, l'aumento dei migranti negli ultimi quattro anni si è piuttosto indebolito che rafforzato rispetto all'aumento dei trenta anni precedenti e segnatamente dei primi due decenni del Duemila.

Tav. 4 testo – Migranti internazionali al 2024 e al 2030 in Europa Occidentale e Stati Uniti secondo due ipotesi di aumento – dati in milioni

Paesi/regioni	migranti nel 2024	migranti nel 2030 secondo	
		1ª ipotesi	2ª ipotesi
Germania	16,8	18,5	19,3
Inghilterra	11,8	13,3	13,8
Francia	9,2	9,8	10,1
Spagna	8,9	10,3	11,5
Italia	6,6	7,4	7,0
Europa Occidentale	**75,5**	**83,7**	**88,6**
USA	52,4	57,5	55,2
Mondo	**304,0**	**330,6**	**347,1**

In base a entrambe queste previsioni i migranti che risiedono in Europa rappresentano una percentuale crescente del totale dei migranti nel mondo: dall'attuale 24,8 per cento di tutti i migranti internazionali al 25,3 per cento con la prima previsione, al 25,6 per cento con la seconda previsione: al 2030 più di un quarto dei migranti del mondo risiederà in una regione, l'Europa Occidentale, che a quella data non rappresenterà che poco più del 5 per cento della popolazione mondiale.

Ma le indicazioni più importanti si ricavano dalla valutazione dell'incidenza dei migranti internazionali, calcolata sulla base delle due ipotesi, nella popolazione delle varie aree prevista al 2030. Tre di queste indicazioni, seguendo i dati della *Tav. 5 testo*, meritano una sottolineatura.

Tav. 5 testo – Incidenza dei migranti internazionali nella popolazione dell'Europa Occidentale, dei principali Paesi dell'Europa Occidentale e degli Stati Uniti stimata all'anno 2030 (valori assoluti in milioni)

Paesi/regioni	abitanti stimati al 2030	migranti per 100 abitanti in base a:	
		1ª ipotesi	2ª ipotesi
Germania	82,9	22,3	23,3
Inghilterra	71,1	18,7	19,5
Francia	67,1	14,6	15,0
Spagna	47,7	21,6	24,0
Italia	58,0	12,8	12,2
Europa Occidentale	**459,0**	**18,2**	**19,3**
USA	354,9	16,2	15,6
Mondo	**8536,0**	**3,9**	**4,1**

a. Intanto l'aumento dell'incidenza dei migranti nella popolazione mondiale. Nonostante l'aumento di quasi 400 milioni di abitanti, dal 2024 al 2030 si passa dall'attuale incidenza di 3,7 migranti ogni 100 abitanti a 3,9 con la prima ipotesi e a 4,1 migranti ogni 100 abitanti con la seconda ipotesi. Già al 2030 più di 4 abitanti su 100 della terra saranno rappresentati da migranti internazionali;
b. ancora più importante l'aumento del divario tra l'incidenza degli immigrati nella popolazione dell'Europa Occidentale e l'incidenza degli immigrati nella popolazione degli Stati Uniti: dagli attuali 16,4 e 15,2 migranti ogni 100 abitanti rispettivamente per

l'Europa Occidentale e gli Stati Uniti (differenza di 1,2 migranti ogni 100 abitanti) si passerebbe infatti a 18,2 e 16,2 migranti ogni 100 abitanti (differenza di 2 migranti ogni 100 abitanti) in base alla prima ipotesi e a 19,3 e 15,6 migranti ogni 100 abitanti (differenza di 3,7 migranti ogni 100 abitanti) in base alla seconda ipotesi. Il primato europeo in termini di attrazione dei flussi migratori è destinato non solo a durare ma ad ampliarsi sia che si guardi all'andamento dei migranti nel lungo periodo 1990-2024 sia, ancor di più, all'andamento nel breve, ultimo periodo 2020-2024;

c. e questo mentre sembra delinearsi tra i cinque più importanti Paesi europei una frattura, con i due Paesi di testa, la Germania e la Spagna – quest'ultima protagonista di un exploit dell'immigrazione che non ha eguali, ma che comincia proprio per questo a imprimere indirizzi più cauti alla sua politica verso i flussi migratori –, che si allontanano dagli altri Paesi e in modo particolare dall'Italia, destinata in base a entrambe le ipotesi a restare assai lontana dal valore dell'incidenza dei migranti in Europa Occidentale.

Ora, sia chiaro che niente di quel che abbiamo appena detto potrebbe avverarsi. I Paesi di immigrazione potrebbero varare politiche di grande restrizione dei flussi migratori, tali da inficiare ogni previsione. Ma una tale linea gli si ritorcerebbe contro, per i motivi che sappiamo, cosicché è piuttosto da prevedere che più ancora che sul numero questi Paesi cercheranno di agire sulla qualità dei migranti, su certe loro caratteristiche come il sesso e l'età e i Paesi di provenienza.

Ciò detto, le previsioni si fanno in base alle tendenze trascorse di breve e medio periodo ed è ragionevole pensare che l'andamento dei migranti da oggi al 2030 vada a collocarsi nell'intervallo di valori disegnato dalle due previsioni. E tuttavia il condizionale è d'obbligo considerando che quello dei migranti è diventato forse il tema numero uno, o comunque uno dei temi prioritari dell'agenda dei governi occidentali, e che si fa ormai di tutto per regolarizzarlo sia con una più ferma politica di chiusure e respingimenti dell'immigrazione irregolare sia con la programmazione dei flussi migratori in entrata, segnatamente attraverso accordi coi più importanti Paesi di provenienza di questi flussi e/o con i Paesi al centro di snodi cruciali – com'è per l'Italia e più in generale per l'Europa la Libia.

Le politiche nei confronti dei migranti potrebbero dunque cambiare e cambiare le carte in tavola fino a smentire le previsioni appena viste. E tuttavia ciò non appare molto realistico, e questo perché proprio i Paesi indicati nella *Tav. 5 testo* hanno e avranno bisogno in futuro di consistenti flussi migratori per i motivi cui abbiamo già ampiamente accennato.

4. *Promemoria per l'Italia*

Di queste previsioni, un commento a parte meritano quelle italiane. Si prescinda pure dalle cifre assolute, dal numero assoluto dei migranti previsti in Italia al 2030 – tra i 7 e i 7,4 milioni. È la loro incidenza nella popolazione a collocarsi molto al di sotto dell'incidenza media dell'Europa Occidentale sia in base alla prima che, più ancora, alla seconda ipotesi.

L'Italia è il Paese dell'Europa Occidentale con la più

bassa proporzione di donne in età fertile sul totale delle donne italiane; con il più basso tasso di fecondità (numero medio di figli per donna, sceso sotto 1,2 contro la media dell'Unione Europea di quasi 1,5); con il più basso indice di natalità (numero di nati annui ogni 1000 abitanti – scesi a poco più di 6 nati annui ogni mille abitanti, un quarto meno della media dell'Unione Europea). È, detto diversamente, il Paese dell'Europa Occidentale più demograficamente esposto e vulnerabile e dunque quello che ha più bisogno di predisporre, oltre a una politica di forte sostegno alla natalità, una coraggiosa politica di programmazione dei flussi migratori in entrata assai ampia e aperta: una politica, insomma, all'altezza delle sue necessità. Il governo attuale sta facendo buone cose nell'ambito del sostegno ai nuclei famigliari, specialmente a quelli che presentano le maggiori difficoltà, per cercare di riattivare le nascite – impresa in generale, ma in particolare in Italia, al limite del possibile in questo momento storico. Senza agire però con maggiore determinazione sulla leva migratoria la partita demografica è destinata alla sconfitta mentre quella produttiva, fondata sulla forza lavoro, per sostenere in particolare industria e agricoltura, è a sua volta legata a doppio filo a quella demografica e non uscirà dallo stato di affanno se non in modo contingente e non strutturale.

Il governo ha appena varato un nuovo decreto flussi per il triennio 2026-2028 che prevede l'ingresso in Italia di 500.000 tra lavoratori, colf e badanti: 50.000 in più dei precedenti 450.000 del triennio 2023-2025. Non basteranno. Ne occorreranno nel triennio 200.000 di più – a maggior ragione in quanto questa programmazione dei flussi ha dato fino a questo momento risultati non all'altezza dei proponimenti, tant'è che nel triennio 2023-2025 i migranti approdati in Italia in base al decreto flussi sono stati senz'altro una quota assai minore di quanto preventivato.

Già il PNRR ha clamorosamente mancato l'obiettivo – anzi, più che mancarlo l'ha addirittura ignorato, quasi che la produzione della ricchezza in Italia potesse prescindere dalle tendenze demografiche, dal calo organico della popolazione italiana, dal suo progressivo invecchiamento, dalla costante contrazione degli abitanti delle età di 20-40 anni nel pieno della forza fisica e intellettuale. È impensabile che non ci si renda conto di un fatto che è eminentemente culturale: nelle odierne società occidentali è facilissimo avere una nascita in meno per la rinuncia delle coppie a un figlio (specialmente se già ne hanno uno), mentre è difficilissimo ottenere una nascita in più per il desiderio di un nuovo figlio. La leva naturale, quella che cerca di ridurre il divario negativo tra nascite e morti, è assai poco manovrabile, poco elastica, in questo momento storico nei Paesi occidentali come l'Italia addirittura rigida; sulla leva migratoria, diversamente, si può agire con la possibilità di ottenere risultati anche in tempi sufficientemente brevi. Ma occorre la volontà politica di farlo. Oggi più di sempre i movimenti migratori in entrata in un determinato Paese sono il segno e il risultato di una volontà politica, degli indirizzi e delle politiche di governo di quel Paese. Oggi più di sempre i movimenti migratori in entrata in un Paese occidentale come l'Italia saranno per quanto è possibile programmati. E dovranno esserlo non solo in relazione alla quantità ma anche alla loro composizione secondo caratteri come la provenienza territoriale, le fasce d'età, e più ancora il sesso per cercare di rimediare a una tendenza alla contrazione della popolazione femminile in età fertile che rappresenta il primo grande limite strutturale della popolazione italiana in fatto di fecondità e natalità. Non è un'impresa facile, nient'affatto, ma fattibile sulla base di circostanziati protocolli d'intesa coi Paesi di provenienza dei migranti che vanno oltre i migranti stessi per allargarsi a programmi di collaborazione per lo sviluppo economico e sociale di quei Paesi. È comunque un'impresa alla quale non ci si può sottrarre, non nelle condizioni in cui versa l'Italia dal punto di vista demografico. Ma occorre una forte consapevolezza della sua necessità e la capacità di tenere la barra nonostante le resistenze tenaci di buona parte delle forze politiche e dell'opinione pubblica – da sempre preoccupata degli stranieri che arrivano in Italia provenendo da Paesi geograficamente e culturalmente lontani dal nostro, dalle possibilità di sostituzione etnica e da altro ancora.

Dopo l'errore da matita blu di un PNRR che ha ignorato la più grande e condizionante emergenza italiana, sarebbe imperdonabile che si continuasse ancora a scansare la sfida dei migranti per preoccupazioni di sopravvivenza politico-elettorale. La libertà ha un prezzo, ha detto la presidente del Consiglio Giorgia Meloni rispondendo in un *question time* alla Camera a chi le chiedeva ragione dell'intenzione di elevare la spesa militare per la difesa. Si sia o no d'accordo con questa affermazione, e chi scrive lo è, a maggior ragione si deve aggiungere che «la sopravvivenza ha un prezzo». La sopravvivenza dell'Italia passa in buona parte dall'immigrazione, non è lecito dubitarne. L'immigrazione rappresenta dunque un prezzo? Ha un prezzo? Certamente, e chiunque non sia obnubilato dall'ideologia lo capisce. Ma all'immigrazione un Paese come l'Italia non può rinunciare, se vuole vivere e non sopravvivere declinando inesorabilmente.

L'Italia, e le tavv. 4 e 5 testo sono illuminanti al riguardo, ha maggiori spazi di manovra di tutti i grandi Paesi dell'Europa Occidentale, in virtù della più bassa incidenza dei migranti residenti nella popolazione e delle più contenute previsioni al 2030. Deve decidersi a operare in questi spazi con più coraggio.

Peraltro l'Italia gode di condizioni decisamente favorevoli per riuscirci. Ricordiamole brevemente:

a. i migranti in Italia sono quelli che hanno una provenienza dalle regioni del mondo più varia ed equilibrata. Con il 49 per cento di migranti dall'Europa, il 20 dall'Africa, il 18 dall'Asia e il 13 per cento dalle Americhe, l'Italia vanta una dispersione delle provenienze dei migranti anche in base ai Paesi di origine che risulta essere un carattere favorevole per le politiche di accoglienza e integrazione, che sono rese più difficoltose quando si aggregano milioni di migranti di poche provenienze culturalmente ed etnicamente molto distanti dalle popolazioni dei Paesi di immigrazione;
b. occorre il contributo dei primi 9 Paesi per numero di migranti presenti in Italia al 2024 (si veda il paragrafo 7 del precedente capitolo: *Italia. L'immigrazione eclettica*) per superare la linea del 50 per cento dei migranti presenti in Italia, mentre ne occorrono solo 5 alla Germania e 7 all'Inghilterra, alla Francia e alla Spagna. Segno evidente di una grande varietà di provenienze dei migranti in Italia, piuttosto che della concentrazione tra pochi. Altro elemento che favorisce le politiche di integrazione dei migranti;
c. i migranti in Italia presentano il più alto tasso di

femminilizzazione. La prevalenza femminile – 53 donne ogni 100 migranti – non è eclatante, ma rappresenta a sua volta un elemento di equilibrio in più dell'immigrazione in Italia;

d. occorre altresì ricordare che l'immigrazione in Italia rifugge da particolari addensamenti geografico-territoriali (il più cospicuo è quello dei cinesi nella città di Prato, dove ammontano al 20 per cento della popolazione) e tende piuttosto a distribuirsi su tutto il territorio nazionale – pur se con una netta preferenza per il Centro-Nord sul Mezzogiorno – in virtù di due caratteristiche molto accentuate della società italiana: (1) essere una delle società con la più alta proporzione di anziani soli e di anziani non autosufficienti all'interno di nuclei famigliari di dimensioni molto ridotte; e (2) avere una diffusa economia manifatturiera, forse la più forte d'Europa, basata su una rete di aziende di medio-piccole dimensioni che richiede e impiega molta manodopera con diversi livelli di qualificazione.

Tutto ciò fa sì che ci siano modi, spazi e soprattutto condizioni favorevoli in Italia perché si possa usare con intelligenza pari alla determinazione la leva migratoria, ricordando sempre che l'Italia, mentre ha la più bassa incidenza di migranti tra tutti i più importanti Paesi dell'Europa Occidentale, ha di tutti questi Paesi un più spiccato bisogno di migranti per le sue condizioni demografiche strutturalmente compromesse da decenni di denatalità.

6
Il melting pot soft

1. *Melting pot tra etichette e realtà*[16]

Partiamo pure da una concezione, un'idea pragmatica di melting pot, espressione inglese che significa crogiuolo, mescolanza, miscuglio, ma anche, più prosaicamente, calderone. Insomma «di tutto un po'». Leggiamo, a proposito di esempi di crogiuolo, che «Nel diciannovesimo secolo New York City era un crogiuolo culturale, con immigrati provenienti da tutta Europa». In questo esempio di crogiuolo – la città di New York nel dician-

[16] Un discorso più complessivo sul melting pot di quello svolto in questo capitolo implicherebbe di considerare anche gli immigrati che nel tempo hanno acquisito la cittadinanza dei Paesi di destinazione e le loro stesse famiglie. Trattasi di discorso che può essere affrontato solo per circoscritte realtà e con analisi ad hoc, non su scala internazionale con i dati disponibili. Per non dire che in questa sede è proprio la forza dei processi di melting pot in atto, dovuti ai 304 milioni di immigrati presenti nel mondo al 2024, a interessare, anche e proprio in ragione della loro attualità e capacità interpretativa del mondo di oggi.

novesimo secolo – l'immagine è immediatamente associata agli immigrati, con la specificazione «provenienti da tutta Europa», che mentre rafforza e allarga l'idea che ci facciamo degli immigrati nella città americana dell'epoca, rafforza e allarga l'idea stessa del crogiuolo.

Ancora un esempio: «Londra è un melting pot di diverse razze, culture e religioni». Qui non c'è stato bisogno di tradurre l'espressione inglese nella parola corrispondente in italiano: troppo ovvio, superfluo, pleonastico. Piuttosto, il crogiuolo non è immediatamente riferito agli immigrati, bensì alle razze, culture e religioni, pur se si è più che autorizzati, obbligati a pensare che una tale diversità e molteplicità di razze, culture e religioni nient'altro sia che un portato dell'accumularsi, nella città di Londra, del lavorio generazione dopo generazione di immigrati delle più diverse provenienze geografiche. Lavorio che sembrerebbe a tal punto riuscito da ispirare un articolo di giornale molto circostanziato dal titolo che più esplicativo non si può: *A Londra il maschio bianco è sparito. È la società multietnica, bellezza!*[17] Che però più che non alla società e alla popolazione londinese si riferisce alla pubblicità di strade, piazze, mezzi pubblici, linee della metropolitana di quella città, dove non è più possibile trovare come testimonial «un uomo bianco, dai capelli biondi e gli occhi azzurri». Bandito per far posto ad afro-asiatici e donne, assicura sempre il giornale ammonticchiando esempi.

Il fatto è che mentre l'immigrazione può anche spaventare, lo straniero è «in», argomento di moda, alla

[17] «Il Foglio», 31 maggio 2025.

moda e che fa moda. Specialmente tra le élite. Ma la società multiculturale non è un melting pot; in essa c'è quella separatezza tra culture, se non proprio una sorta di indifferenza dell'una all'altra, che proprio il melting pot tende, se non a superare, a stemperare.

Il crogiuolo, il miscuglio, la mescolanza, il calderone, avviene nella popolazione, in una qualsivoglia popolazione – della New York del diciannovesimo secolo come della Londra di oggi; ma non è detto che avvenga. La cosa certa è che: *niente immigrati, niente melting pot*. In una popolazione senza immigrati è impossibile rintracciare sia la società multiculturale che più ancora processi di melting pot.

La domanda che del tutto naturalmente segue è allora questa: dunque processi di melting pot sono *comunque* presenti, ancorché chissà *come* e *se* individuabili, in una qualsivoglia popolazione in cui siano presenti degli immigrati? Ora, evitando di finire nello sciocchezzaio secondo il quale anche un minimo numero di immigrati da una qualsivoglia parte del mondo contribuisce al melting pot della popolazione di cui fanno parte, risulterà evidente che di melting pot si è autorizzati a parlare quando gli immigrati, presi complessivamente, di qualunque etnia, razza e religione e ovviamente provenienza geografica, rappresentano una quota non trascurabile bensì significativa, della popolazione; nel senso che essi non si disperdono inavvertibilmente, diluendosi e senza dare adito a conseguenze enucleabili nella popolazione che li accoglie e comprende. Certo, lo abbiamo premesso, siamo in un ambito assai empirico, e non potrebbe essere diversamente. Ci vuole poco a dire che New York al tempo della sua massima fioritura era un crogiuolo culturale, con immigrati provenienti da tutta

Europa; o che la Londra di oggi è un melting pot di diverse razze, culture e religioni – ammesso e non concesso che si possa parlare di razze anziché, molto più correttamente, di etnie. Nel caso di Londra si vede a occhio nudo che è così; nel caso della New York del diciannovesimo secolo basta affidarsi ai giornali e ai romanzi di allora. Siamo all'interno di esempi addirittura iconici del crogiuolo, del melting pot. Ma il melting pot è di norma un fenomeno, e meglio ancora un processo, molto più terra terra, molto meno o per niente iconico, di quel che lasciano intendere i due esempi riportati.

Dobbiamo fare i conti con la realtà di oggi, una realtà caratterizzata da 128 milioni di migranti presenti tra Europa Occidentale e Stati Uniti che diventeranno più di 140 milioni, forse 144 milioni, nel 2030, all'interno di una popolazione che crescerà in proporzione molto più flebilmente portandosi, per opera esclusiva degli Stati Uniti, da 805 milioni a 814 milioni. Una realtà in cui in Europa Occidentale si potrebbe già nel 2030 arrivare a sfiorare la quota di 20 immigrati ogni 100 abitanti, con due grandi Paesi, la Germania e la Spagna, ben al di sopra di quella quota. Una realtà nella quale processi di melting pot non possono non essere, sulla scia di questi numeri, nell'ordine delle cose e, più ancora, all'ordine del giorno – oltretutto considerando che nelle popolazioni occidentali sono venuti cumulandosi immigrati di altri momenti che per acquisizioni di cittadinanza non sono più tali ma che conservano un'identità non del tutto sovrapponibile, forse perfino poco sovrapponibile, a quella dei Paesi di cui sono diventati cittadini.

Ma c'è una concezione, un'idea di melting pot che non si ferma alla sua definizione così terra terra, pragmatica, di «miscuglio eterogeneo di razze, religioni, individui e gruppi molto diversificati tra loro», come lo definisce anche il vocabolario online Treccani. In quest'altra concezione quel miscuglio, quel crogiuolo, deve anche contribuire, per meritarsi l'appellativo di melting pot, a definire l'identità di un popolo, una nazione, un Paese. E qui andiamo decisamente nel difficile perché, per quanto si possa essere d'accordo con una definizione più impegnativa di melting pot – dal momento che il rischio utilizzando quella più pragmatica e terra terra è che tutto diventi o quantomeno appaia tale, mentre al più è società multiculturale, oltretutto più d'apparenza che di sostanza –, è tutt'altro che chiaro come si possa misurare il contribuito all'identità di un popolo e di un Paese apportato da immigrati delle più diverse origini.

Gli Stati Uniti sono stati formati anche nel senso dell'identità da milioni di immigrati tedeschi, irlandesi, italiani e via elencando che vi affluivano a frotte già dalla seconda metà dell'Ottocento, e via via fino ai cinesi e ai messicani dal secondo dopoguerra. Ma l'immigrazione nell'Europa Occidentale è: (a) molto più giovane, non foss'altro che sul piano della quantità, esplosa in modo particolarissimo a cavallo tra Novecento e Duemila; e (b) molto più dispersa geograficamente, nel senso che viene letteralmente dai quattro angoli della terra. E questo mentre l'immigrazione verso gli Stati Uniti conosce una fase di rallentamento, se non proprio di arresto, dovuta a molti fattori, non ultimo la guerra dichiarata, e armata, all'immigrazione illegale.

Insomma, la situazione è molto diversa da quella dei tempi chiamiamoli pure «eroici» dell'immigrazione, quando non le carrette del mare tra le sponde del Mediterraneo ma i bastimenti facevano la spola tra le due sponde dell'Atlantico. È diverso anche per lo spirito di quanti migrano. Chi attraversava allora, centocinquanta, cento anni fa l'Atlantico non aveva un biglietto di ritorno, sapeva che sarebbe stato, anche se non era proprio quello il proposito, per sempre, che andava al tempo stesso a integrarsi e a contribuire alla forza e al successo di qualcosa che non era un popolo ma un coacervo di popoli, e di un Paese che fondava speranze e fortune proprio su quel coacervo, quel miscuglio, quel crogiuolo. Uno spirito che non è più quello di oggi, se non in piccola parte.

Quand'anche fosse, insomma, non sarebbe più il melting pot del tempo passato, dell'età dell'oro dell'immigrazione e del melting pot, quando l'immigrazione andava letteralmente a farsi popolo e nazione a seconda di dove decideva di guardare, di approdare – tipico a questo riguardo è l'esempio dell'Argentina, alla quale guardarono gli italiani già dalla fine dell'Ottocento fino a diventare l'anima o almeno una delle anime fondanti del popolo di quel Paese.

2. *Un fenomeno dell'Occidente*

Se ci fermiamo alla concezione più pragmatica del melting pot una conclusione scaturisce quasi automaticamente: nell'Europa Occidentale, con quasi 76 milioni di migranti internazionali presenti nel 2024 in una popolazione di 460 milioni di abitanti, processi di melting pot sono del tutto naturali, inevitabili. Estesi processi destinati ad approfondirsi ulteriormente in base alle ultime tendenze delle migrazioni internazionali in direzione dell'Europa Occidentale: nel 2030 i migranti internazionali in Europa Occidentale potrebbero sfiorare i 90 milioni in una popolazione che resterà stabile (anche grazie a questi migranti – altrimenti diminuirebbe in modo consistente), se proprio non perderà qualcosa.

Altro che New York, Londra o Parigi, le capitali da sempre del melting pot. Quel che dobbiamo capire è che con un'incidenza degli stranieri che già in alcuni Paesi europei è di oltre il 20 per cento della popolazione, in altri è vicina a quella soglia e in altri ancora è comunque largamente superiore al 10 per cento, processi di melting pot, quantomeno nella sua versione pragmatica, ripetiamo, sono in corso costantemente e da più parti, da molte parti – ovviamente con più o meno forza. Addentrarci approfonditamente in questi processi alla scoperta di quelli che rispondono anche ai caratteri di un melting pot più impegnativo e formativo, con gli anni, di un'identità di popolo e di nazione richiederebbe studi approfonditi. Ma proveremo a muovere alcuni passi in questa direzione, in certo senso districandoci tra una definizione pragmatica insieme troppo ampia e poco profonda e una più concettuale e impegnativa assai difficile da osservare all'opera.

Quel che intanto ci appare chiaro, ed è il primo punto da sottolineare, è che processi di melting pot, soft o hard che siano, diciamo così, sono una realtà tutta e solo occidentale. Fuori dall'Occidente – dall'Europa, dall'America del Nord, dall'Australia-Nuova Zelanda – la questione del melting pot evapora, esce di scena o resta comunque ai margini. Nelle altre parti di mondo viene infatti a mancare – con l'eccezione dei Paesi del

Golfo, dove però il melting pot tende a essere escluso programmaticamente – la prima condizione necessaria: la quantità dei migranti in rapporto alla popolazione dei Paesi di immigrazione. In Africa e Asia i migranti internazionali rappresentano meno di 2 abitanti su 100, in America Latina e Caraibica rappresentano tra il 2 e il 3 per cento; nelle due grandi potenze mondiali, dopo gli USA, la Cina e la Russia i migranti sono rispettivamente poco più dell'1 per mille degli abitanti e del 5 per cento. Quest'ultimo non propriamente un dato irrilevante, è vero, ma che tale inesorabilmente appare se si pensa che praticamente tutti i migranti in Russia vengono dall'Asia Centrale (in particolare: Kazakistan e Uzbekistan) e dall'Europa dell'Est, ovvero da etnie che da sempre compongono il vasto panorama etnico di quelle aree, rendendo impossibile parlare di melting pot. Nel più popoloso Paese del mondo, l'India, i migranti sono il 3 per mille della popolazione. E potremmo continuare.

Il melting pot è un fenomeno demografico, culturale, etnico e politico che ha nel mondo occidentale il suo brodo di coltura. È l'Occidente a incubare il fenomeno, e lo fa perché soltanto qui i migranti superano la soglia critica d'incidenza nella popolazione, che potremmo collocare indicativamente sopra il 10 per cento – almeno 10 stranieri ogni 100 abitanti. Una soglia del tutto indicativa ma già in sé capace di tagliar fuori tutto ciò che non è Occidente da concrete possibilità di melting pot moderno.

Questa realtà, che non è destinata a cambiare – o non certamente in un breve arco di tempo – ma semmai ad approfondirsi ancora di più, *taglia* il mondo in due mega-aree riguardo a immigrazione e melting pot: quella dell'Occidente e quella del «non-Occidente» (ben più che non dell'Occidente e dell'Oriente).

Ora, dobbiamo annotare in proposito che una buona parte, se non addirittura la maggioranza, delle élite culturali occidentali non vorrebbe giammai una suddivisione del genere, vista come artificiosa e segno inconfondibile della protervia e peggio ancora della prepotenza dell'Occidente. Queste élite sono convinte che se l'immigrazione si dirige verso Occidente è perché l'Occidente nel segno del colonialismo e dell'imperialismo le ha impresso con la forza una tale direzione, quella svolta in senso occidentale che andava a tutto suo vantaggio e dunque in sé ingannevole e truffaldina. Ma l'emigrazione si è sempre rivolta all'Occidente sin da quando si può parlare di emigrazione vera e propria – e non, per esempio, di schiavismo e tratta degli schiavi. E lo fa, oggi più ancora di ieri, proprio al fine di *avere successo*. Nessuno vuole emigrare in Cina o in India, sono i dati a dirlo; e neppure in Russia – dove approdano migranti, comunque pochi, che da sempre gravitano nella sua sfera di influenza. Per avere successo l'emigrazione volge lo sguardo e le rotte a Occidente; non è l'Occidente a forzare le scelte, semmai anzi cerca di scansarle, è l'emigrazione a scegliere l'Occidente: scelta che farebbe a maggior ragione se potesse comunque raggiungerlo partendo da un qualsivoglia angolo del mondo – cosa invece non sempre possibile per distanza, costi, disagi, pericoli.

Ma questo stato di cose pone all'Occidente insieme una grande responsabilità e una altrettanto grande opportunità. Lo vedremo meglio.

3. Dispersione e accentramento

Aumentano, con l'aumentare dei migranti internazionali, i Paesi con un numero di migranti significativo che risiedono nei principali Paesi occidentali. E se l'aumento dei migranti è una tendenza che in sé favorisce il melting pot, l'eccessiva frammentazione del numero dei migranti tra molti/troppi Paesi di provenienza è una tendenza che porta piuttosto a ostacolare il melting pot.

A che punto siamo, con queste due tendenze? E come si esprimono in Europa Occidentale e negli Stati Uniti, con quali punti di contatto e con quali divergenze?

Abbiamo discusso a lungo dei Paesi che contribuiscono a superare il 50 per cento del totale dei migranti rispettivamente in Europa Occidentale e negli Stati Uniti: 15 Paesi per l'Europa Occidentale e 8 Paesi per gli Stati Uniti sono sufficienti, come sappiamo, per superare quella quota, ma ci sono molti altri Paesi che pur non rientrando in quel numero ristretto si fanno in certo senso apprezzare per il loro apporto significativo in termini di migranti in queste due regioni del mondo. Per dare un'idea dell'universalità dei migranti verso l'Occidente, nel primo paragrafo del precedente capitolo abbiamo scelto la soglia di 100.000 emigrati in Europa Occidentale e negli Stati Uniti per identificare tutti quei Paesi con flussi migratori di una qualche consistenza, arrivando a contarne ben 91 per l'Europa Occidentale e 60 negli Stati Uniti.

In riferimento al melting pot occorre senz'altro alzare questa soglia, senza tuttavia limitarci ai principali 15 Paesi per l'Europa Occidentale e agli 8 Paesi per gli Stati Uniti con il concorso dei quali si supera la soglia del

50 per cento di migranti residenti nell'una e negli altri.

Abbiamo scelto, per identificare questi altri Paesi con un'immigrazione significativa al fine di possibili processi di melting pot, la soglia di almeno mezzo milione di immigrati, consapevoli che avremmo potuto fissarne un'altra – ma non così indifferentemente perché in ambiti territoriali tanto popolosi come l'Europa Occidentale (460 milioni di abitanti) e gli Stati Uniti (345 milioni) non si possono fissare soglie molto al di sotto di questa quota, pena l'irrilevanza dei migranti rispetto alla popolazione; semmai avremmo potuto fissarne una superiore al mezzo milione, col rischio però di restringere troppo il numero di Paesi che concorrono ai processi di melting pot e di tornare all'ipotesi appena scartata dei 15 e 8 Paesi rispettivamente per l'Europa Occidentale e gli Stati Uniti.

Delle possibilità di melting pot in Europa Occidentale, dopo aver annotato che ben 10 dei 15 Paesi con cui si supera il 50 per cento di migranti residenti erano europei, di cui 6 della stessa Europa Occidentale, avevamo scritto: «gli stranieri in questa regione non hanno soltanto una forte connotazione occidentale, vengono anche in netta prevalenza dall'Occidente dell'Occidente: dall'Europa, dunque, e non secondariamente proprio dalla stessa Europa Occidentale. Sembra quasi di poter già concludere, al riguardo: immigrazione sì, molta; melting pot no, poco o niente».

È giunto ora il momento di vedere più da vicino se è davvero così, se quella conclusione che poteva in effetti nascere dalla considerazione di quell'eccesso, per così dire, di Europa tra i Paesi d'immigrazione nell'Europa Occidentale è giusta. Per farlo conviene partire dalle liste, in ordine decrescente del numero di migranti, dei

38 Paesi che hanno almeno mezzo milione di migranti residenti in Europa Occidentale e dei 24 Paesi che hanno almeno mezzo milione di migranti residenti negli Stati Uniti nell'anno 2024 (Tav. 16).

Ritorna la già osservata maggiore dispersione dell'immigrazione in Europa Occidentale rispetto a quella negli Stati Uniti su un maggior numero di Paesi di origine dei migranti solo in parte spiegata dal maggior numero di immigrati in Europa Occidentale.

All'impronta, anche queste liste sembrano documentare come già era successo una maggiore internazionalità degli Stati Uniti rispetto all'Europa Occidentale riguardo alla provenienza dei migranti. Il colpo d'occhio – ingannevole – è condizionato dal fatto che mentre ci sono molti Paesi europei tra i Paesi con almeno 500.000 immigrati in Europa Occidentale la stessa cosa non succede per gli Stati Uniti. Ma questo accade semplicemente perché non c'è che un Paese nordamericano, il Canada, con oltre 500.000 immigrati negli USA – dal momento che l'America del Nord è fatta da Stati Uniti e Canada, e da nessun altro Paese.[18]

Ciò porta a orientare immediatamente il nostro giudizio: se di melting pot si deve parlare, allora non c'è dubbio che esso riguardi molto di più gli Stati Uniti che non l'Europa Occidentale. Ma un esame più attento ci mostra come gli Stati Uniti vadano a *pescare* tra i Paesi dell'America – Centrale, Caraibica e Latina – molto

[18] La Population Division elenca anche, nel Nord America: Bermuda, Groenlandia e Saint-Pierre e Miquelon, un arcipelago dell'Oceano Atlantico Settentrionale amministrativamente appartenente alla Francia, per un totale di non più di 130.000 abitanti.

più di quanto non faccia l'Europa Occidentale con i Paesi delle diverse regioni d'Europa. E ancora: è l'America più vicina agli Stati Uniti, quella Centrale e Caraibica, a fornire immigrati agli Stati Uniti molto più di quanto non faccia la più distante America Latina: sono addirittura di più i Paesi dell'America Latina con almeno 500.000 immigrati in Europa Occidentale che non negli Stati Uniti: 6 contro 5, per un totale di 4,5 milioni di immigrati contro 3,6 rispettivamente in Europa Occidentale e negli Stati Uniti.

Ma, del resto, che l'internazionalità dei migranti volga in direzione dell'Europa Occidentale molto di più che non in quella degli Stati Uniti è dimostrato anche da un semplice conteggio: se pure togliamo dai 38 Paesi con oltre 500.000 migranti che risiedono in Europa Occidentale tutti i 15 Paesi europei – anche quelli dell'Europa dell'Est – rimangono pur sempre 23 Paesi, tanti quanti ne rimangono agli Stati Uniti togliendo il solo Canada dall'America del Nord.

Anche una ripartizione dei Paesi con una immigrazione quantitativamente significativa di almeno 500.000 immigrati residenti in Europa Occidentale e negli Stati Uniti secondo i continenti e le regioni di provenienza (Tav. 17) conferma le maggiori possibilità di melting pot in Europa Occidentale rispetto agli Stati Uniti, conseguente alla maggiore internazionalità tra più Paesi dell'immigrazione con una soglia, significativa proprio in relazione alle possibilità di melting pot, di almeno mezzo milione di migranti a Paese.

Se si torna alla definizione pragmatica di melting pot come «miscuglio eterogeneo di razze, religioni, individui e gruppi molto diversificati tra loro», dove «etnie» sarebbe senz'altro preferibile a «razze», ci vuole poco a capire che il *miscuglio eterogeneo* dell'Europa Occidentale è sotto tutti i punti di vista superiore a quello degli Stati Uniti. E non si tratta soltanto di un superiore numero di Paesi con almeno 500.000 immigrati presenti rispettivamente nella prima e nei secondi: 38 contro 24. Si tratta, chiaramente, di una ripartizione dei Paesi che con riferimento all'Europa Occidentale è più equilibrata e rappresentativa della distribuzione mondiale degli Stati e della popolazione mondiale. I Paesi dell'Asia con almeno 500.000 migranti sono rispettivamente 11 in Europa Occidentale e 6 negli Stati Uniti; i Paesi dell'Africa con almeno 500.000 migranti sono rispettivamente 5 in Europa Occidentale e 2 negli Stati Uniti; i Paesi dell'America Latina con almeno 500.000 migranti sono rispettivamente 6 in Europa Occidentale e 5 negli Stati Uniti. Solo relativamente all'America Centrale e Caraibica è netta la prevalenza degli Stati Uniti: 9 Paesi con almeno 500.000 migranti contro 0 Paesi nell'Europa Occidentale. Ma se consideriamo anche i Paesi americani per gli Stati Uniti è lecito considerare anche i Paesi dell'Europa dell'Est con oltre 500.000 immigrati per Europa Occidentale (e forse addirittura gli stessi Paesi ex comunisti che geograficamente stanno nell'Europa del Sud: Albania, Bosnia-Erzegovina, Croazia e Serbia – tutti con oltre 500.000 immigrati residenti in Europa Occidentale).

Una annotazione merita, in ultimo, la questione delle sovrapposizioni. Sono ben 11 i Paesi con almeno 500.000 migranti comuni all'Europa Occidentale e agli Stati Uniti. Essi sono, in ordine alfabetico:

a. 5 Paesi dell'America Latina: Brasile, Colombia, Ecuador, Perù, Venezuela;

b. 3 Paesi dell'Asia: Cina, Filippine, India;
c. 2 Paesi dell'Europa: Germania, Inghilterra;
d. 1 Paese dell'Africa: Nigeria.

E anche quest'elenco dice molto: dice che sono i Paesi dell'America Latina e in secondo luogo di alcune regioni dell'Asia ad alimentare una migrazione significativa tanto verso l'Europa Occidentale che gli Stati Uniti e nient'affatto quelli dall'Africa, mentre si possono trascurare i migranti dalla Germania e dall'Inghilterra, senz'altro non sospettabili di alimentare il melting pot in Occidente.

Mutatis mutandis, sono l'America Centrale e Caraibica e alcuni Paesi asiatici che alimentano correnti migratorie internazionali significative verso gli Stati Uniti, molto meno l'America Latina e l'Europa, e nient'affatto l'Africa, che volge lo sguardo (e le rotte) in modo particolarissimo verso l'Europa Occidentale (e in subordine, come abbiamo già avuto occasione di dire, verso i Paesi del Golfo della Penisola Arabica). Un quadro decisamente più limitato di quello dell'Europa Occidentale, ch'è invece riferimento di correnti migratorie da tutti i continenti.

Considerando la sovrapposizione di 11 Paesi, ci sono nel mondo senz'altro più di 50 Paesi che contano almeno 500.000 emigrati che risiedono in Europa Occidentale o negli Stati Uniti o in entrambe queste aree. Usiamo l'espressione «senz'altro», invece del numero preciso di 51 Paesi (38 Paesi in Europa Occidentale + 24 negli Stati Uniti – 11 sovrapposizioni), per ricordare che dobbiamo aspettarci alcuni – pochi – altri Paesi con oltre mezzo milione di migranti in Europa Occidentale o negli Stati Uniti in quanto di circa 22 milioni di migranti non si conosce il Paese di origine. La differenza potrebbe essere di 3-4 Paesi, un numero che non pregiudica alcuna considerazione a venire sul tema del melting pot.

4. Una introduzione a un possibile melting pot in atto

Ma che si tratti di 51 come di 53 o 54 Paesi con almeno 500.000 migranti residenti in Europa Occidentale o negli Stati Uniti o nell'una e nell'altra parte, resta del tutto inesplorato l'aspetto che più ci interessa, ovvero quello di riuscire a formulare un giudizio sui processi di melting pot, *potenziali e in atto*, in queste due regioni.

A questo riguardo la prima cosa da fare è quella di espungere dalle liste dei Paesi con almeno 500.000 migranti residenti in Europa Occidentale e negli Stati Uniti tutti quei Paesi che sono senz'altro Paesi occidentali, Paesi che dunque non rientrano nei processi di melting pot in Europa Occidentale e negli Stati Uniti. Non c'è possibilità di melting pot tra uguali, com'è pleonastico ricordare. Questi Paesi sono, in ordine decrescente di migranti, in Europa Occidentale: Germania, Inghilterra, Francia, Italia, Portogallo, Spagna e Stati Uniti; negli Stati Uniti: Germania, Canada e Inghilterra.

In tal modo si riducono a 31 i Paesi della lista dell'Europa Occidentale e a 21 quelli della lista degli Stati Uniti. Ma resta un grosso punto interrogativo: come considerare i migranti dell'Europa dell'Est, ed eventualmente quegli stessi dei Paesi ex comunisti dell'Europa del Sud che compaiono nella lista dei Paesi dell'Europa Occidentale? A questo interrogativo se ne potrebbe aggiungere un secondo: se sia cioè giusto considerare ai fini del melting pot immigrati messicani e caraibici letteralmente alle porte degli Stati Uniti alla stessa stregua dei migranti dall'Asia del Sud e dell'Est che distano migliaia di chilometri – e anche storicamente ben più lontani dei primi dagli Stati Uniti. Certo, se pensiamo ai migranti messicani negli Stati Uniti, infiltrati come sono dai cartelli della droga, viene ben più da pensare alle distanze che alle vicinanze, ma negli 11,3 milioni di migranti messicani considerati nella loro globalità quell'infiltrazione non disperde né meno ancora annulla la vicinanza *spaziale* con gli Stati Uniti.

In effetti la realtà geopolitica pone non pochi problemi sotto questo aspetto della vicinanza/lontananza dei Paesi di origine dei migranti rispetto ai Paesi di destinazione degli stessi. Se la Russia è lontanissima dall'Europa Occidentale in termini geopolitici, senza peraltro esserle mai stata davvero vicina, si possono considerare gli immigrati in Europa Occidentale da quel Paese come immigrati di grado zero, ovvero senza possibilità di innescare processi di melting pot, al pari di quelli inglesi o italiani? E che dire degli stessi migranti, mettiamo dalla Serbia, cuore della ex Jugoslavia? Sono da considerarsi alla pari con francesi e tedeschi, sempre in ordine alle possibilità di melting pot in Europa Occidentale?

Come fare, che strada prendere?

È chiaro che non c'è né può esserci un criterio strettamente oggettivo per sciogliere nodi come questi, si può solo procedere con buon senso, pragmaticamente. Ci può essere d'aiuto in questo procedere la definizione di melting pot più volte ricordata di «miscuglio eterogeneo di razze (etnie), religioni, individui e gruppi molto diversificati tra loro»? L'accento della definizione è posto sulla diversità, anzi sulla diversificazione: il melting pot è sì un miscuglio, ma i suoi ingredienti – etnie, religioni, individui e gruppi – *devono essere molto diversificati tra di loro*. Questo almeno, è bene ripeterlo, secondo la definizione. Che però non basta. Perché viviamo in un mondo:

a. che ha già oggi oltre 300 milioni di migranti internazionali, ne avrà circa 340 nel 2030 e più di 500 milioni tra 25-30 anni;
b. e in cui quasi 128 milioni dei migranti internazionali al 2024 sono concentrati in Europa Occidentale e Stati Uniti, ovvero in neppure un decimo della popolazione del mondo.

Ecco, in un mondo così la quantità, la *massa critica* della diversità o diversificazione dei migranti, quella che fa scattare il melting pot, si sposta all'indietro, in basso, si contrae: non importa essere molto diversi, molto diversificati tra etnie, religioni, individui e gruppi quando si è molti, quando si è sempre di più. Quando si è molti, quando i migranti sono molti, differenze e diversificazioni anche meno stringenti, meno caratterizzate, meno importanti finiscono per emergere, per evidenziarsi, non si diluiscono, non si disperdono, non almeno secondo processi lineari e scontati, nel corpo sociale di una popolazione.

Il segno che lasciano i migranti nelle popolazioni di cui vanno a far parte, in altre parole, diventa visibile, chiaro, netto *anche soltanto in forza della loro quantità* – non certo a prescindere da dove provengono, dalla lontananza o meno di spazio, storia, cultura, tradizioni, ma senza più che l'elemento della lontananza, e della conseguente diversificazione, sia in sé unico e risolutivo affinché si possa parlare di possibilità di melting pot.

Ciò che è essenziale capire a proposito del melting pot attuale è in sostanza che i suoi processi possono essere innescati anche dalla semplice quantità dei migranti, dall'alta incidenza dei migranti in rapporto alla popolazione che li riceve – anche se questi migranti ci sono vicini, sono vicini ai nostri confini, e non sono poi così diversi da noi per le traiettorie storiche e di civiltà seguite. Il fatto puro e semplice è che nella grande quantità anche modesti gradi di diversificazione finiscono per risaltare, contare, e determinare il giudizio, il comune sentire su migrazioni e migranti. C'è anche un melting pot del sentire, diciamo così, delle mentalità, ai giorni nostri; sentire e mentalità che si intersecano, confliggono, si integrano, si avvicinano o rifiutano.

Si prenda come esempio proprio l'Italia. Per stare a noi italiani, solo gli europei e gli occidentali pari nostri non sono da noi avvertiti, anche nella quantità, come distanti da noi, come diversi. In Italia, lo abbiamo visto, occorrono i primi 9 Paesi per numero di migranti qui residenti per superare il 50 per cento dei migranti presenti nel nostro Paese al 2024. Questi Paesi sono, in ordine decrescente di migranti: Romania, Albania, Marocco, Ucraina, Cina, Moldavia, Germania, India e Svizzera. Se dovessimo stabilire anche un grado di lontananza, genericamente di lontananza, di questi Paesi dall'Italia, a cominciare dal grado minore per finire col grado maggiore di lontananza, probabilmente arriveremmo a un ordinamento di questo tipo:

a. Germania e Svizzera: i Paesi a noi più vicini, con grado 0 di lontananza dall'Italia e di possibilità di melting pot (non c'è melting pot di sorta tra noi e i tedeschi o gli svizzeri, sotto nessun aspetto);
b. Romania, Albania, Ucraina, Moldavia: Paesi non così vicini come Germania e Svizzera, e tuttavia abbastanza vicini, con grado 1 di lontananza e melting pot;
c. Marocco, Cina, India: Paesi lontani, con grado 2 di lontananza e melting pot.

Ovviamente non è detto che ci siano tre livelli soltanto di lontananza/diversificazione, pur se *in questa fattispecie assolutamente esemplificativa* ci possiamo accontentare di questi tre. La distanza che passa tra i Paesi di grado 1 e quelli di grado 0 ci appare poi in tutti i sensi più piccola di quella che passa tra i Paesi di grado 2 e quelli di grado 1. Ma in prima approssimazione possiamo risparmiarci di utilizzare scale meglio organizzate ma più difficili da stabilire. Adottiamo un approccio metodologico che può essere affinato, l'importante è concordare su un tale approccio per poter risalire a *una quantificazione del melting pot che includa l'elemento qualitativo della distanza/lontananza*. Ovviamente al grado 0 corrisponde una possibilità/necessità di melting pot nulla; al grado 1 una possibilità/necessità di melting pot intermedia e al grado 2 una possibilità/necessità di melting pot alta.

Alla possibilità di melting pot – che si inneschi cioè un processo di miscuglio, di crogiolo – abbiamo affiancato la necessità per fare intendere come questi processi dipendano anche dalle politiche d'integrazione dei migranti, dalla necessità di accogliere e integrare i migranti nelle popolazioni d'immigrazione.

Ora, questa ripartizione dei 9 Paesi che contribuiscono a superare il 50 per cento dei migranti residenti al 2024 in Italia è stata fatta, con i limiti che si sono detti, in base al solo criterio della lontananza – geografica, culturale, storica – rispetto al nostro Paese, all'Italia. Ma i Paesi di origine dei migranti che contribuiscono all'immigrazione in Italia come in ogni altro Paese sono diversi tra di loro *in primis* proprio per il numero di migranti. Se volessimo coniugare, come siamo pressoché obbligati a fare, questo criterio della lontananza dei Paesi d'immigrazione rispetto all'Italia con l'altro, altrettanto decisivo, del numero di migranti di questi Paesi residenti in Italia avremmo il risultato espresso nella Tav. 18 dell'*Appendice statistica*.

In questa tavola sono riportati i 22 Paesi necessari a raggiungere il 75 per cento del totale dei migranti in Italia e ciascun Paese è rappresentato dai due parametri appena visti: il numero di migranti residenti in Italia al 2024 e il grado di lontananza-diversificazione dall'Italia attribuito in base alla scala di valori da 0 a 2.

La soglia del 75 per cento è stata stabilita per includere tutti i Paesi che hanno un certo peso, anche in funzione del melting pot, sul totale degli immigrati in Italia (che non può essere 500.000, soglia pensata per l'Europa Occidentale nel suo insieme), evitando al tempo stesso la miriade di Paesi – sono addirittura 142 – che concorrono a questo totale senza però apportarvi che minimi o nulli contributi in termini di melting pot.

La media ponderata che deriva dalla moltiplicazione, per ciascuno dei 22 Paesi, del numero dei migranti per il grado di lontananza dà come risultato 1,37. Dunque in una scala come quelle che abbiamo utilizzato da 0 a 2 della possibilità/necessità di melting pot che ha il suo minimo in 0, il suo punto intermedio in 1 e il suo massimo in 2, l'Italia raggiunge un valore di poco inferiore a 1,4: un valore medioalto. Dobbiamo però tener conto del fatto che mentre l'incidenza dei migranti internazionali nella popolazione dell'Europa Occidentale è del 16,4 per cento, quella dei migranti internazionali nella popolazione italiana è solo dell'11 per cento: un'incidenza molto inferiore, che ovviamente segnala una pressione altrettanto inferiore degli immigrati internazionali in Italia e una minore spinta e necessità di melting pot rispetto a quel che si verifica nel complesso dell'Europa Occidentale. Dovremo allora correggere il valore di 1,37 moltiplicandolo per il rapporto tra l'incidenza degli stranieri in Italia e l'incidenza degli stranieri in Europa Occidentale, ovverosia per 11/16,4. Il risultato di questa operazione è 0,92, un valore della possibilità/necessità di melting pot di poco sotto il valore intermedio di 1. L'Italia ha in sostanza un grado medioalto di lontananza dei migranti in essa residenti – e ciò è in perfetta coerenza con l'eclettismo delle migrazioni in Italia che abbiamo già avuto modo di sottolineare al paragrafo 7 del quarto capitolo. Ma ha un grado di possibilità/necessità di melting pot decisamente inferiore in ragione della bassa incidenza dei migranti internazionali nella sua popolazione.

Utilizziamo ora, a mo' di confronto, esattamente la stessa scala dei gradi di lontananza e lo stesso modo di procedere per l'Inghilterra. All'Inghilterra bastano i primi 17 Paesi per numero di migranti per superare la soglia del 75 per cento dei migranti qui residenti al 2024, ovvero, in ordine decrescente del numero di migranti:

a. Irlanda, Italia, Germania, Stati Uniti, Spagna e Portogallo: Paesi con grado 0 di lontananza dall'Inghilterra e di possibilità di melting pot;
b. Polonia, Romania, Ucraina, Lituania: Paesi con grado 1 di lontananza e melting pot;
c. India, Pakistan, Nigeria, Bangladesh, Sudafrica, Cina e Filippine: Paesi con grado 2 di lontananza e melting pot.

La media ponderata del numero dei migranti per il grado di lontananza dall'Inghilterra di ciascuno di questi Paesi dà come risultato 1,2: un valore più basso dell'1,37 relativo all'Italia. Ma l'incidenza dei migranti nella popolazione inglese è del 17,1 per cento, per cui il fattore correttivo per il quale moltiplicare 1,2 è 17,1/16,4, e il risultato finale è 1,25, ch'è invece decisamente superiore al valore italiano di 0,92.

Possiamo allora concludere dicendo che il grado di lontananza (ch'è, almeno in potenza, mescolanza) che attesta la possibilità/necessità del melting pot relativo all'Inghilterra oltre a essere superiore a quello italiano supera anche il valore intermedio della scala da 0 a 2, portandosi in una zona che reclama particolari attenzioni alle politiche di accoglienza e integrazione dei migranti nella società inglese.

Non che il valore dell'Italia (0,92) escluda l'Italia dall'opportunità di dotarsi di queste politiche, ma l'Italia ha, in base alle premesse e alle ipotesi con cui si è arrivati ai risultati appena visti, una minore necessità e urgenza di queste politiche. Che ovviamente saranno comunque benvenute purché si tratti di buone politiche, di politiche efficaci. Attenzione a non confondere queste politiche di accoglienza e integrazione dei migranti con quelle di programmazione dei flussi migratori in entrata, delle quali ultime invece l'Italia, per la sua strutturalmente mediocre, per usare un eufemismo, dinamica demografica ha invece più bisogno di altri Paesi.

Trattandosi solo di esempi, conviene fermarci a questo punto. Chiaro che molto dei risultati dipende dalla scala dei gradi di lontananza utilizzata e da quali gradi vengono attribuiti ai singoli Paesi di origine dei migranti in rapporto al Paese di destinazione del quale desideriamo calcolare il grado di possibilità/necessità di melting pot. Il grado di lontananza dall'Italia dei migranti residenti in Italia è medioalto (1,37) e ciò farebbe scattare un forte campanello che si chiami di allerta o di attenzione se l'Italia avesse, poniamo, la stessa incidenza di stranieri nella popolazione che ha la Germania: giacché allora il valore anziché scendere a 0,92 salirebbe a 1,54 e si porterebbe nella parte alta della scala da 0 a 2.

Una scala di cinque valori, anziché di tre, può essere utilizzata specialmente se cresce il livello geografico-territoriale considerato. Una scala di soli tre valori difficilmente potrebbe funzionare a livello dell'intera Europa Occidentale, giacché troppi sono i Paesi di origine dei migranti da considerare per poterli includere tutti in soli tre gradi di lontananza-differenziazione. Con cinque gradi si possono distinguere tra loro i Paesi dell'Asia, dell'Africa e dell'America Centrale e del Sud, che in una scala di tre gradi abbiamo collocato tutti, piuttosto insoddisfacentemente, allo stesso livello di 2.

Ma si tratta di operazioni – scala dei gradi di lontananza e attribuzione dei gradi della scala ai singoli Paesi – che possono essere meglio calibrate di quanto non si sia fatto in questa sede tenendo il più possibile in considerazione elementi oggettivi al fine di contenere al massimo l'elemento soggettivo, che mai è però del tutto sopprimibile in questo genere di operazioni.

A proposito delle quali, inutile girarci intorno, non si può sfuggire alla domanda se siano davvero necessarie. La risposta non può che essere questa: no, non sono davvero necessarie. Se ne può fare a meno, e non casca il mondo. Hanno però una loro utilità, ci danno un'idea non solo della posizione che occupiamo, che occupa un Paese o una regione, sul «termometro» delle migrazioni, ma anche della direzione verso la quale ci dirigiamo, verso la quale si dirige quel Paese o quella regione, e anche delle misure che possiamo mettere in atto per eventualmente modificare quella direzione. Il punto importante da sottolineare a questo proposito è infatti questo: che anno dopo anno possiamo calcolare la posizione (temperatura) sul termometro delle migrazioni, così da tracciare un grafico temporale, una tendenza storica, e poter prevedere dove quella tendenza presumibilmente porterà.

Il valore appena calcolato per l'Italia di 0,92 nella scala da 0 a 2 della necessità/opportunità del melting pot al 2024 non sarà lo stesso del 2025 e degli anni che verranno, e ogni spostamento è al tempo stesso rivelatore di quel che succede e indicativo di quel che potrebbe succedere.

La scala di soli tre valori può essere ampliata e meglio calibrata, e i singoli Paesi attribuiti in altro modo rispetto ai valori di quella scala (si può discutere se i

Paesi dell'Europa dell'Est ed ex comunisti non meritino anch'essi un valore 0 di lontananza come gli altri Paesi europei; se i Paesi dell'America Latina – si pensi all'Argentina – non presentino un grado di lontananza minore dei Paesi dell'Asia e dell'Africa, e di altro ancora): ma una volta ben stabiliti questi criteri quel che si ottiene è uno strumento di sintesi efficace per valutare latitudine e longitudine, per così dire, delle migrazioni che ci investono, che investono un dato Paese o regione dell'Occidente, a cominciare ovviamente dall'Italia.

5. *Verso una quantificazione del melting pot*

Torniamo a sottolineare un concetto, molto importante, che abbiamo appena esposto a inizio del paragrafo precedente: «la *massa critica* della diversità o diversificazione dei migranti, quella che fa scattare il melting pot, si sposta all'indietro, in basso, si contrae: non importa essere molto diversi, molto diversificati tra etnie, religioni, individui e gruppi quando si è molti, quando si è sempre di più. Quando si è molti, quando i migranti sono molti, differenze e diversificazioni anche meno stringenti, meno caratterizzanti, meno importanti tra etnie, religioni, individui e gruppi finiscono per emergere, per evidenziarsi, non si diluiscono, non si disperdono, non almeno secondo processi lineari e scontati, nel corpo sociale di una popolazione».

L'Italia è il dodicesimo Paese al mondo per numero assoluto di migranti, difficile dire che i migranti in Italia siano pochi, anche in considerazione del fatto che l'incidenza dei migranti in Italia, pari all'11 per cento della sua popolazione, è esattamente il triplo dell'incidenza che i 304 milioni di migranti internazionali al 2024 rappresentano della popolazione mondiale a quella data: il 3,7 per cento. Ma abbiamo appena visto che l'immigrazione in Italia ha un grado medioalto di lontananza rispetto alla popolazione italiana (1,37), che però diventa mediobasso (0,92) quando passiamo a considerare l'incidenza dei migranti nella popolazione italiana. Il motivo di questo aggiustamento, di questa vera e propria correzione al ribasso, consiste nel parametro preso a termine di paragone dell'incidenza dei migranti nella popolazione italiana: l'incidenza dei migranti nell'Europa Occidentale. Avessimo preso un altro punto di riferimento, il risultato sarebbe stato diverso, più alto o ancora più basso. Ma ogni diverso punto di riferimento sarebbe stato improprio, inaccettabile. Il riferimento dell'Italia non può che essere l'Europa Occidentale, e non solo per tutto quello che siamo venuti fin qui dicendo, e in Europa Occidentale l'incidenza dei migranti nella popolazione è molto più alta che in Italia: del 50 per cento più alta; tutt'altro che una piccola differenza: il 16,4 rispetto all'11 per cento dell'Italia.

Abbiamo del resto appena visto come tra i cinque principali Paesi dell'Europa Occidentale – nell'ordine di popolazione Germania, Inghilterra, Francia, Italia e Spagna – il nostro Paese sia ultimo quanto a incidenza degli immigrati nella popolazione, e per distacco, visto quanto distiamo da Germania (immigrati nella popolazione 19,8 per cento), Spagna (18,5 per cento), Inghilterra (17,1 per cento) e Francia (la più vicina all'Italia e comunque distante, con il suo 13,8 per cento). Si potrebbe obiettare che però l'Italia ha oggi più di quattro volte gli immigrati che aveva nel 1990, e che è seconda per aumento degli immigrati nel lungo periodo 1990-2024 alla sola Spagna; ma è altrettanto vero che negli ultimi quattro anni l'aumento degli immigrati residenti in Italia è stato assai modesto, inferiore a quello degli altri grandi Paesi dell'Europa Occidentale. Al di là di ogni considerazione una cosa è certa: l'Italia ha molte meno ragioni di questi altri Paesi, e di quasi tutti i Paesi dell'Europa Occidentale e dell'Occidente *tout court*, di temere un eccesso di migranti e di prendere in considerazione la possibilità di una politica di contenimento, se non proprio di deciso restringimento, delle basi dei flussi dei migranti entro i suoi confini – un restringimento che oltretutto finirebbe col pagare sul piano demografico, ch'è l'ultima cosa della quale ha bisogno.

Vero è, tuttavia, che alcune regioni del Nord come la Lombardia e l'Emilia-Romagna e molte grandi città italiane da Milano a Torino, da Bologna a Firenze, e altre più piccole ma pur sempre tra le prime venti città italiane per ordine di grandezza come Brescia, Parma, Prato e altre ancora hanno valori d'incidenza dei migranti nella popolazione del livello di quelli nazionali della Germania e della Spagna. Ma anche in queste regioni e città non si va di solito oltre la soglia del 20 per cento di migranti nella popolazione, o la si supera di poco, cosicché realtà davvero problematiche, davvero critiche, sul crinale di un equilibrio sempre precario e instabile tra migranti e italiani sono piuttosto rare e incapaci di approdare a situazioni conflittuali davvero pericolose e potenzialmente esplosive come pure ne abbiamo conosciute non poche, in giro per l'Europa e gli Stati Uniti, in questi anni.

L'Italia è per questa sua particolare posizione come a metà del guado, con una forte immigrazione ch'è però assai lontana da quella che si verifica in quasi tutti i maggiori Paesi occidentali e una realtà di melting pot sospesa tra un alto grado di lontananza dei migranti e un basso livello incidenza dei migranti nella popolazione.

Ma per parlare di questo tema in termini realistici occorre tornare un'ultima volta sul significato di melting pot, un significato che non può essere ridotto alla sua definizione accademica, da vocabolario.

Innanzi tutto il melting pot è un processo, un *work in progress* ininterrotto. Noi cerchiamo con questo lavoro di coglierlo a un dato momento, il 2024, ma ben sapendo che già nel 2025 non sarà più lo stesso, anche se non potrà distanziarsene di molto. D'altro canto, avere un'idea del punto a cui è giunto questo processo ai giorni nostri è tutt'altro che un puro passatempo intellettuale.

Fino a questo momento abbiamo *agganciato* questo processo, in riferimento a uno qualsiasi dei grandi Paesi di immigrazione, a tre elementi:

a. il numero dei migranti, in valore assoluto e in rapporto alla popolazione del Paese di immigrazione (incidenza);
b. il grado di accentramento/dispersione dei migranti tra più o meno Paesi di origine degli stessi;
c. il grado di lontananza di questi Paesi dal Paese di immigrazione.

Abbiamo anche, su queste basi, in relazione a questi tre elementi, calcolato quello che potremmo definire un indice della possibilità/necessità del melting pot nella sua versione «di base» per lasciarne intuire le potenzialità e riconoscendo che molto di questo indice è affidato a valutazioni soggettive – cosa, questa, che non ne riduce automaticamente l'importanza, e basti pensare, per capirlo, al fatto che i valori di questo indice negli anni risulteranno omogenei tra di loro e in quanto tali perfettamente confrontabili e valutabili nel loro andamento.[19]

Non a caso abbiamo sempre usato per parlare di melting pot l'espressione «possibilità/necessità», dove lo slash non è semplicemente inteso come separatore ma come completamento e congiunzione delle due opzioni: possibilità e/o necessità. Mai infatti in un processo di melting pot la possibilità può essere del tutto separata dalla necessità e viceversa. Se il melting pot è possibile è anche perché per un certo grado è pure necessario; se è necessario è anche perché per un certo grado è pure possibile. Siamo oggi, nell'Occidente, nel pieno di una fase di melting pot al tempo stesso possibile e necessario, *sospinto com'è dai grandi numeri dei migranti e dalle necessità demografiche dei Paesi di immigrazione.* Tanto nel pieno che si è presi dal timore di vedercelo scoppiare tra le mani, incontrollato e incontrollabile, e dalla conseguente tentazione di provare a bloccarlo o, quantomeno, a limitarne la portata.

Per capire meglio come si presenta oggi la questione, torniamo all'indice di possibilità/necessità del melting pot e al valore che esso assume nei maggiori Paesi dell'Europa Occidentale.

[19] Nel lungo periodo ciò non è necessariamente vero: un Paese lontano geograficamente potrebbe avvicinarsi all'Occidente in tutti gli altri sensi; e viceversa. Ma certi approdi hanno appunto bisogno di molto tempo, molti anni, per compiersi.

Dopo quello che abbiamo detto risulteranno chiari i valori della Tav. 6 testo.

I valori della prima colonna – indice grezzo di melting pot – rappresentano la media ponderata dei punteggi da 0 a 2 attribuiti ai Paesi di origine dei migranti in base alla loro lontananza dai Paesi di immigrazione moltiplicati per il numero di migranti degli stessi Paesi di origine. Questa media prescinde dal numero assoluto dei migranti e di conseguenza anche dalla percentuale che essi rappresentano della popolazione dei Paesi di immigrazione. I valori della seconda colonna, dati dal rapporto tra la percentuale degli stranieri (incidenza) nella popolazione dei Paesi di immigrazione e la percentuale degli stranieri nella popolazione dell'Europa Occidentale, rappresentano i fattori di correzione che, moltiplicati per i valori della prima colonna, danno per risultato quelli della terza colonna: ovvero i valori dell'indice di melting pot dei Paesi di immigrazione.

Tav. 6 testo – Indice di melting pot dei primi cinque Paesi dell'Europa Occidentale in ordine di popolosità – anno 2024

Paese	indice grezzo di melting pot	fattore di correzione	indice di melting pot
Germania	1,35	19,8/16,4	1,63
Inghilterra	1,20	17,1/16,4	1,25
Francia	1,44	13,8/16,4	1,21
Italia	1,37	11,0/16,4	0,92
Spagna	1,66	18,5/16,4	1,87

Mentre i valori della prima colonna non possono superare il valore 2, punteggio di lontananza più alto della scala utilizzata, i valori della terza colonna possono superarlo e questo li rende peggio interpretabili dei primi. Se i valori della prima colonna rappresentano un indice di lontananza (e di differenza culturale, di storia, tradizioni e costumi) dei migranti, quelli della terza colonna rappresentano più ancora *un indice del reale peso dei migranti nella popolazione d'immigrazione in relazione al loro grado di lontananza/differenza da questa popolazione.*

La lontananza/differenza dei migranti in Italia (indice grezzo di melting pot), è sostanzialmente analoga a quella di Germania, Inghilterra e Francia e significativamente più bassa di quella della sola Spagna – che viene premiata, o danneggiata a seconda dei punti di vista, dal fatto di aver considerato la lontananza dei Paesi dell'America Latina alla stessa stregua della lontananza di quelli dell'Asia e dell'Africa.

È riguardo all'indice di melting pot (l'indice grezzo corretto secondo il fattore di correzione) che si manifesta dunque una netta distinzione tra l'Italia e gli altri Paesi. I 5 grandi Paesi dell'Europa Occidentale possono essere suddivisi in questi tre gradi di valori dell'indice di melting pot:

a. Spagna e Germania: valore alto dell'indice di melting pot;
b. Inghilterra e Francia: valore intermedio dell'indice di melting pot;
c. Italia: valore basso dell'indice di melting pot.

Resta inteso che siamo in un ambito relativo. Il valore basso dell'indice di melting pot dell'Italia è tale in riferimento ai valori che questo indice assume negli altri grandi Paesi europei, non certo in assoluto. E tuttavia il fatto resta, resta la posizione relativa dell'Italia, e non si potrà ignorarla quando si parla di politiche migratorie – o, almeno, non si dovrebbe farlo. Politiche che mai come oggi tendono a essere considerate e varate secondo un'impostazione non solo cauta ma restrittiva del problema migratorio, in conseguenza del fatto che mai come oggi questo problema appare connotato dai grandi numeri che esplodono nell'Europa Occidentale dopo averlo fatto negli Stati Uniti d'America.

L'indice di melting pot esprime però pur sempre una possibilità/necessità; non è, non automaticamente almeno, una realtà in atto. Se lo fosse avremmo che la realtà del melting pot è in Spagna due volte superiore alla realtà del melting pot in Italia.

È così?

6. *Quale melting pot*

La realtà del melting pot non necessariamente coincide con la sua possibilità/necessità. Si potranno cioè avere realtà di melting pot – in essere, in atto – più o meno avanzate rispetto al suo, chiamiamolo pure così per capirci, valore teorico espresso dall'indice di melting pot. Indice che esprime soprattutto una potenzialità o meglio ancora una *propensione*, non necessariamente una realtà. In altre parole: più alto è il valore dell'indice di cui abbiamo riportato gli esempi relativi ai grandi Paesi dell'Europa Occidentale più alta sarà la potenzialità del melting pot, più alta la propensione che si ha verso di esso.

La mescolanza, il miscuglio, il crogiuolo, addirittura

il «calderone» di etnie, religioni, individui e gruppi molto diversificati tra di loro delle definizioni teoriche di melting pot sono tutte parole ed espressioni che fanno riferimento a processi che possono anche non compiersi o compiersi in modi molto diversi da un Paese all'altro. I valori della Tav. 6 testo non ci dicono niente di questi processi reali ma *ci dicono molto della pressione che il convergere delle tre componenti fondamentali* dei movimenti migratori – (1) numero dei migranti; (2) Paesi di origine; (3) grado di lontananza/diversità di questi Paesi dai Paesi di immigrazione – esercita affinché potenzialità e propensione al melting pot si trasformino in processi reali, in melting pot a tutti gli effetti. E in questo senso si può senz'altro affermare che la propensione al melting pot della Spagna è molto superiore a quella dell'Italia. Non sarà forse proprio del doppio, ma è indiscutibilmente molto superiore. Forse la propensione al melting pot dell'Italia, la potenzialità di questo processo in Italia, non è bassa in se stessa, è anzi molto probabile alla luce proprio dei numeri dei migranti in Italia che non sia così, ma è pressoché certo che essa è la più bassa tra i grandi Paesi europei: moderatamente più bassa di quella di Inghilterra e Francia, e decisamente più bassa di quella di Spagna e Germania.

D'altro canto, il melting pot è un processo in sé discrezionale, nel senso ch'esso, in fondo, è rimesso tanto nelle mani degli Stati (dei governi, dei Parlamenti, delle istituzioni, delle forze politiche) che nelle mani dei singoli, degli individui, dei loro comportamenti, delle loro preferenze e degli stessi loro pregiudizi (tra i quali proprio quello, vecchio come il mondo, sugli stranieri), non è cioè un processo semplicemente sospinto dall'insieme dei migranti e delle loro caratteristiche. E tuttavia quest'ultimo insieme esercita un ruolo – e un ruolo di prima grandezza.

Quando un governo si attrezza affinché i migranti imparino, e lo facciano possibilmente bene e alla svelta, la lingua del proprio Paese, del Paese d'immigrazione, compie un'azione e segue una linea politica che volge nella direzione del melting pot; così è per la protezione sanitaria o per la domanda di lavoro rivolta ai migranti e così via. Più uno Stato, un governo, si applica all'accoglienza dei migranti più opera per una linea di melting pot, anche se non ne ha una coscienza del tutto piena. Quando un italiano/a si sposa o convive con uno straniero/a o un industriale assume manodopera straniera o una commissione comunale concede una licenza di commercio a uno straniero o una giunta comunale trova un alloggio a degli stranieri che approdano in Italia dopo essere fuggiti da un conflitto o da una persecuzione, quando succede una di queste cose, e molte altre ancora di questo tenore, si compiono altrettanti passi in direzione del melting pot.

È melting pot il figlio di immigrati che consegue la licenza del primo ciclo delle scuole italiane; l'immigrato laureato che abita in Italia e ha qui conseguito la laurea; la nascita del figlio da una coppia mista e quella da una coppia di immigrati residenti in Italia; l'acquisizione della cittadinanza italiana da parte di un immigrato.[20] L'insieme delle linee di intervento e

[20] Nonostante quello che si pensa, l'Italia è da anni il Paese europeo con il maggior numero di cittadinanze acquisite dagli immigrati: quasi 200.000 in media all'anno.

delle azioni di un governo, delle leggi emanate da un Parlamento e quello degli stessi comportamenti, delle preferenze e anche dei pregiudizi di una popolazione che hanno per oggetto i migranti, tutto questo variegato insieme contribuisce al melting pot, è melting pot, perché va nel senso di attizzare il crogiuolo, di addensare il miscuglio, di rimestare il calderone che detto in termini grezzi ma efficaci, anche se possono spaventare più di qualcuno, costituiscono il processo di melting pot.

Eppure, e il tema meriterebbe un altro saggio per poterlo esplorare come si conviene, miscuglio, crogiuolo e calderone sono al tempo stesso *estesi e annacquati, in certo senso blandi*, in altre parole non così miscuglio, non così crogiuolo o calderone, giacché l'addensamento tra gli ingredienti è mediocre e il calderone ne contiene fin troppi, e troppo diversi gli uni dagli altri, perché riescano a legarsi tra di loro. La quantità dei migranti e la molteplicità e diversità delle loro provenienze consentono al tempo stesso che ci sia melting pot e che esso non possa funzionare al meglio. La qual cosa, detto sottovoce per non urtare la sensibilità di quanti così come non pongono limiti alla provvidenza neppure ne porrebbero all'immigrazione, è piuttosto un bene che un male per i Paesi occidentali tra i quali il nostro.

Così, insomma, l'intensità del melting pot è insieme sollecitata e smorzata dalla forza che assumono le componenti fondamentali dei migranti – il numero, il grado di accentramento/dispersione tra tanti o pochi Paesi di origine, il grado di lontananza/diversità dai Paesi di immigrazione – che si riflette e viene sintetizzata in un indice di melting pot del quale abbiamo presentato la versione più semplice e immediata, e tuttavia almeno in parte capace di dirci l'essenziale di questo processo, del punto a cui è arrivato nei singoli Paesi e della sua forza.

Il melting pot oggi nell'Occidente è come un cavallo di razza al quale si debbono tenere le briglie per evitare che, ricadendo dopo aver saltato un ostacolo dei tanti che incontra, possa fratturarsi una gamba e compromettere inesorabilmente il suo futuro. La grande quantità e la ricchezza di provenienze dei migranti rappresentano al tempo stesso la classe e il punto debole del cavallo che si chiama melting pot. Gli danno la spinta, l'energia, ma non gli consentono di esprimersi al massimo delle sue potenzialità. Molteplicità e diversificazione delle provenienze, delle etnie, delle culture dei migranti, caratteri e presupposti fondamentali del melting pot, finiscono per giocargli contro perché eccessive, eccessivamente disperse. E questo succede per la capacità dell'Occidente, e dell'Europa Occidentale in modo particolarissimo, ormai la vera terra promessa dei flussi migratori e dei migranti degli anni Duemila, di far sentire il suo richiamo, di esercitare il suo influsso, la sua influenza e, se non appare eccessivo, si dica pure il suo fascino in ogni angolo di mondo, nelle terre più lontane, fino a quelle più disgraziate, più povere o angariate da regimi dispotici o attraversate da guerre civili e conflitti etnici, le cui genti a maggior ragione progettano o sperano di partire, semmai col proposito e l'auspicio di potervi ritornare un giorno.

Occorrerebbe, nel panorama così ampio e aperto dell'immigrazione in Occidente, e segnatamente nell'Europa Occidentale, che alcuni Paesi e regioni di origine dei migranti segnassero una prevalenza così spiccata su tutti gli altri Paesi e regioni così da porsi, nei Paesi d'immigrazione, come attrattori dei processi di melting pot fino a poterli caratterizzare in modo più netto, più profondo. Non si può escludere che in alcune realtà nazionali – rappresentate sostanzialmente dai più grandi Paesi dell'Europa Occidentale – non si possa andare in una direzione più decisa di melting pot soprattutto se si guarda a esso non già in relazione ai migranti di singoli Paesi – criterio che peraltro nell'immigrazione così differenziata e internazionale di oggi non ha molto senso – bensì ai migranti di quegli aggregati di Paesi confinanti tra di loro e anche etnicamente affini, quelle *aree di migrazione* che abbiamo individuato al paragrafo 9 del quarto capitolo per ciascuno dei cinque più grandi Paesi dell'Europa Occidentale. Queste aree hanno e ancor più avranno un forte peso nei processi di melting pot che si annunciano, ma che pure sono destinati a restare in un ambito soft, più che hard, dati i caratteri insieme di estrema dispersività e di piena internazionalità, in rapporto ai Paesi di origine dei migranti in Occidente, così perfettamente avvertibili, del resto, nella stessa pubblicità dispiegata in tutti gli spazi della città di Londra – che difatti non indica melting pot ma piuttosto multiculturalità, peraltro all'acqua di rose, tutta sorrisi e ammiccamenti, forma e superficialità (è la pubblicità, bellezza!).

7. *Tra multiculturalità e integrazione*

Ma il punto è che oggi appare improprio riferirsi a un processo di melting pot tradizionale, che si rifà alla storia, in virtù del quale in un dato territorio o Paese, in un periodo più o meno lungo di decenni e di generazioni, più popolazioni ed etnie si fondono profondamente tra di loro anche da un punto di vista genetico, di incrocio dei rispettivi DNA.

I moderni processi di melting pot non si configurano più così, coinvolgono troppi Paesi e tra questi ben difficilmente gli immigrati di un gruppo ristretto di Paesi o di un solo Paese avranno la forza numerica e culturale per innescare nei Paesi e nelle regioni d'immigrazione processi di melting pot della profondità di quelli di una volta, che si presentavano proprio come *fusione* di caratteri etnico-somatici. C'è anche questo, va da sé, pure nelle migrazioni d'oggi, non potrebbe non esserci, ma sono aspetti contenuti i cui effetti impiegheranno secoli, più che decenni, a diventare rilevanti. No, il melting pot oggi, proprio sospinto dagli elementi che abbiamo già incontrato e discusso, oltre che della quantità dei migranti, della loro multiforme provenienza e lontananza dai Paesi d'immigrazione, si gioca essenzialmente sul piano culturale, mentre quello genetico, della fusione di razze ed etnie, di incroci di genomi, entra in gioco ben più modestamente. *È la cultura, oggi, che fa il melting pot* (e ciò implica che l'elemento della concentrazione/diffusione dei migranti in un Paese di destinazione tra pochi/molti Paesi di origine perde importanza).

Cosa vuol dire questo discorso?

Si torni per un momento agli inizi di questo saggio, al paragrafo 2 del primo capitolo. C'è un'ampissima fascia di mondo, abbiamo visto, che va dall'Africa Occidentale all'Asia del Sudest, passando per il Medio Oriente e l'Asia Occidentale, dalla quale partono poco meno di un terzo dei 304 milioni di migranti presenti nel mondo al 2024, tra i quali il tasso di femminilizzazione non arriva a 40 donne su 100 migranti. È tutta la fascia del mondo di fede islamica, dove per le donne è ben più difficile che per gli uomini azzardare il grande passo dell'emigrazione – a maggior ragione essendo, il più delle volte, un passo verso l'Occidente. Anche in conseguenza della loro preponderante maschilizzazione i migranti dai Paesi musulmani saranno quelli meno propensi ad acconsentire a processi di integrazione nelle realtà occidentali. È questo un esempio del fatto che l'Occidente si trova di fronte massicciamente, forse per la prima volta nel corso di tutta la sua storia, a una realtà che ha a che fare con – nel senso che influisce su – il melting pot senza che sembri essere così.

Ma Europa Occidentale, America del Nord, Australia-Nuova Zelanda hanno tutte assieme 877 milioni di abitanti e, tra questi, 146 milioni di migranti internazionali, di stranieri: come può non entrarci il melting pot? Per un conteggio ancora più accurato ai fini proprio del melting pot, un criterio nient'affatto artificioso, anzi correttissimo, consiste nello scomporre gli 877 milioni di abitanti dell'Occidente (al quale per la verità dovremmo aggiungere quegli Stati dell'Europa dell'Est che si sentono pienamente Occidente) nel 2024 in 731 milioni di abitanti autoctoni e in 146 milioni di abitanti costituiti da migranti: il 20 per cento esatto degli autoctoni, benché *solo* il 16,7 per cento della popolazione. Se pure i 146 milioni di migranti venissero rinchiusi nei recinti, parlando per assurdo, il melting pot rispunterebbe comunque da tutti gli angoli, impossibile tenerlo fuori. Annotiamolo allora ancora una volta: la quantità dei migranti, proprio in quanto associata alla molteplicità delle provenienze e alla loro lontananza geografico-culturale dai Paesi di immigrazione, basta a innescare processi di melting pot, a immetterci, in specie noi occidentali, nella realtà del melting pot. Ma, ed ecco l'elemento insieme nuovo e caratterizzante: a immetterci in una realtà assai moderna di melting pot, di *melting pot soft*, perché giocata quasi del tutto sotto l'aspetto culturale, attraverso gli strumenti della cultura – e senz'altro rifuggendo dalla forza e da altre forme di imposizione violenta. E dal momento che l'Occidente ha insieme una forte immigrazione e gli strumenti culturali per governarla, ecco che gli si aprono davanti, inseparabili, una responsabilità e un'opportunità che non possono in alcun modo essere sottovalutate. Vediamole.

I migranti sono stati fin qui affrontati, una volta entrati a far parte delle nostre comunità nazionali, sulla base di un doppio registro: integrazione e multiculturalità. Un doppio registro che a sua volta ha significato la preferenza per un atteggiamento rispetto all'altro: o l'atteggiamento che punta a integrare gli stranieri in base ai principi fondamentali della nostra cultura occidentale, o quello che punta a lasciare libertà agli stranieri di organizzarsi sulla base delle loro specificità culturali, salvo non contravvenire a quegli stessi principi fondamentali nelle relazioni con, per dirla in termini generali, la comunità ospitante. Non necessariamente questi due atteggiamenti sono assurti a punte di esclusività tali da tagliare totalmente fuori l'altro, ma non ci sono dubbi che l'emergere della preferenza per l'uno a scapito dell'altro ha voluto quasi sempre significare la scarsa presa, una mediocre rilevanza dell'altro. Ciò è successo anche quando non si è riusciti, per esempio, a integrare come si sarebbe voluto una comunità di stranieri in quella più vasta nazionale.

Credo che il tempo abbia emesso un verdetto che viene da una molteplicità di esperienze che, non rientrando nei temi di questo libro, non verranno qui esaminate: la multiculturalità, da sola, non può funzionare, è anzi pericolosa, agisce da fattore disgregante delle stesse comunità nazionali, quando non sia in via propedeutica sottoposta a un qualche *serio filtro* dei migranti basato sull'integrazione. Come, attraverso quali modalità e step, approntare un filtro del genere per i migranti che arrivano in Occidente e nei Paesi dell'Europa Occidentale non è questione semplice che possa essere definita una volta per tutte. Ma la sua necessità è sempre più evidente. Quel che si può dire dell'integrazione oggi degli stranieri nei Paesi dell'Occidente europeo è che si tratta a sua volta di *un processo ridotto ai suoi termini essenziali*, un processo che non può avere neppure l'apparenza di una visione integralista, rigida.

Ma la *mission* dell'integrazione non può che essere una e attraversare inalterata il tempo e i confini tra gli Stati: contenere le diversità etniche e culturali, di principi e di concezioni della vita e del mondo da parte dei migranti all'interno di una cornice di valori condivisi irrinunciabili:

a. la libertà di ciascuno nel rispetto della – e sottoposta alla – libertà di tutti gli altri;
b. la piena eguaglianza degli individui tra di loro in ogni ambiente e contesto;
c. la responsabilità verso la comunità ospitante attraverso il riconoscimento e il rispetto delle sue leggi e delle sue istituzioni.

In una cornice siffatta, la cui costruzione richiede una forte, convinta opera di educazione, c'è posto per tutti gli elementi possibili di multiculturalità. Diversamente, senza una cornice siffatta la multiculturalità darà fatalmente luogo a enclave etnico-culturali di fatto staccate dalla comunità nazionale ospitante che rispondono a regole, consuetudini e logiche anche molto distanti dai principi di libertà ed eguaglianza, e assai pericolose per la vita di relazione, sociale e politica, e in una parola per la stessa democrazia dei Paesi ospitanti.

Stando così le cose, l'Occidente ha sì la responsabilità di integrare i migranti, da qualunque parte essi provengano, secondo i principi appena detti, ma questa responsabilità è al tempo stesso un'opportunità per l'Occidente: l'opportunità di formare nuovi cittadini in senso non si dica occidentale, aggettivo passibile di essere tacciato di partigianeria, ma universalistico: un senso, cioè, che consente ai migranti di essere cittadini del mondo, quale che sia il Paese che li ospita, il Paese dove abitano e andranno eventualmente ad abitare.

L'Occidente ricava così, anche quando non sembra esserne del tutto consapevole, un doppio vantaggio dai migranti – oltre a quello dell'apporto demografico che conosciamo benissimo.

Il primo vantaggio è quello di poter allargare, attraverso di loro, l'area dei valori che consentono una pacifica convivenza tra gli individui, tra le persone e le comunità. L'Occidente deve prendere più a cuore questo (possibile) vantaggio, che scaturisce da una calibrata azione di accoglienza e integrazione dei migranti, e non deve sottovalutarlo – meno ancora in un mondo di troppi conflitti e contrapposizioni tra Stati e all'interno di uno stesso Stato tra etnie e religioni diverse.

Il secondo vantaggio è quello di conoscere meglio, con più immediatezza, con più pregnanza, proprio grazie ai migranti, il mondo nella sua varietà di popoli e culture, e di acquisire attraverso questa migliore conoscenza una superiore capacità di rapportarsi agli altri, Paesi e popoli, nel mondo.

Siamo coscienti di questi almeno potenziali vantaggi? Ce ne avvaliamo?

8. Per un bagno di realtà

Siamo alle prese, nei Paesi e popoli occidentali, con una realtà di *melting pot soft*, come l'abbiamo chiamata e descritta, non certo facile da contenere e governare, ma che indiscutibilmente comporta per noi, nonostante non poche apparenze contrarie, più vantaggi che svantaggi.

Come ci siamo arrivati? Da dove occorre partire, da quale punto della storia, per poterla riconoscere per quella che abbiamo oggi davanti a noi? La realtà di una migratorietà che mai come oggi ha avuto un carattere così globale e tuttavia un indirizzamento così mirato verso l'Occidente e segnatamente verso i due poli dell'Occidente rappresentati dall'Europa Occidentale e dagli Stati Uniti?

Non credo sia un caso che la Population Division faccia iniziare la sua *The 2024 edition of the International Migrant Stock* dall'anno 1990. Il 1990 è l'anno che si colloca perfettamente a metà tra il 1989, anno della caduta del muro di Berlino, e il 1991, anno della fine dell'Unione Sovietica. Si chiude, nella parentesi di queste due date, un'epoca: quella della divisione del mondo in due blocchi contrapposti. Per qualcuno avrebbe potuto segnare addirittura la fine della storia. Il politologo Francis Fukuyama pubblicava nel 1992 un saggio per avvertirci che, sotto il dominio degli Stati Uniti che si annunciava ormai incontrastato, saremmo diventati «le persone che eravamo destinati a diventare e lo resteremo per il resto della vita».[21]

Non sarà così, anche se nei primi anni dopo quella data sembra poterlo essere davvero. A un mondo bipolare che va in soffitta, un mondo targato Stati Uniti non necessariamente segue, mentre al Novecento americano un Duemila dello stesso segno è prospettiva che incontra oppositori sempre più numerosi, tenaci e agguerriti, guidati dalla Cina e oggi come oggi sempre di più anche dalla Russia. Ma sul piano migratorio la fine del mondo in due blocchi ha lo stesso effetto di un impetuoso vento di libertà che sospinge quanti lo hanno in animo o ne sentono l'urgenza al grande passo della migrazione. Migrazione che ha sempre un carattere di necessità, sia chiaro; necessità che però si dispone lungo una scala assai più articolata, più ricca di sfumature: dalle necessità assolute di fuggire l'oppressione o la fame fino a quelle più relative di trascorrere all'estero anni di studi più qualificati o di carriera professionale più prestigiosa o anche soltanto meglio retribuita. Migrazione che cresce quale ne sia il motivo, la spinta – purtroppo anche quando la spinta è data dall'impossibilità di continuare ad abitare nel proprio Paese, se non mettendo a rischio la propria libertà o la propria vita.

È la globalizzazione, la globalizzazione che *esplode*

[21] Francis Fukuyama, *La fine della storia e l'ultimo uomo*, Rizzoli, Milano 1992, p. 7.

pressappoco proprio da quel 1990, una globalizzazione nel segno degli Stati Uniti, la globalizzazione del Duemila che *apre* il mondo non solo a traffici e scambi commerciali sulle più larghe scale ma anche alle migrazioni di uomini e donne che, da qualunque parte provengano, hanno in comune l'aspirazione a una vita migliore – dove evidentemente «migliore» ha molte accezioni non necessariamente comuni a tutti.

Una vita migliore che uomini e donne, eccolo il punto che invece li accomuna, cercano in Occidente, in quell'Occidente formato da America del Nord, Europa Occidentale, Australia-Nuova Zelanda che rappresenta da ben prima del 1990 la terra promessa, una grande terra promessa, ma che a partire sempre da quella data, sotto il segno della globalizzazione d'impronta americana, ha praticamente oscurato ogni altra possibile meta. Conclusione, quest'ultima, che ci sentiamo di tirare non solo perché è questa, l'Occidente, l'unica area che acquista abitanti dalle migrazioni mentre tutte le altre ne perdono – con l'unica eccezione, ma per così dire *out of context*, dei Paesi del Golfo – ma perché è questa l'area in cui le migrazioni e con esse i migranti acquistano la formidabile concretezza e la stessa fisionomia che viene loro dalle dimensioni, dalle grandi dimensioni, senza le quali i migranti si perdono e disperdono nel mondo superpopolato d'oggi: *circa 17 migranti ogni 100 abitanti nell'Occidente contro 2 migranti ogni 100 abitanti nel mondo non occidentale.* Né basta questa voragine a separare le due realtà, perché mentre i migranti dell'Occidente provengono in differenti proporzioni da tutte le regioni del mondo, anche dalle più lontane, i migranti nei Paesi e regioni del mondo non occidentale vi approdano da Paesi e regioni vicini tanto in senso geografico che culturale, e in misura del tutto trascurabile dai Paesi occidentali.

Tutto questo equivale a dire che viviamo in un mondo diviso in due parti che sono tutt'altre rispetto a quelle ante 1990: la parte con gli stranieri e il melting pot – pur se nella sua versione soft eminentemente culturale; la parte senza gli stranieri né melting pot. Due parti anche soltanto per questo motivo assai diverse tra di loro.

Ora, la forte presenza di stranieri che risiedono in un Paese o regione e i più o meno avanzati processi di melting pot legati a questa presenza rappresentano caratteri distintivi dell'Occidente che vengono regolarmente messi sotto la lente di ingrandimento quando si tratta di esaltarne problematicità e costi, ma che per esempio vengono assai sottovalutati se non proprio dimenticati quando si tratta di operare dei confronti con le altre regioni del mondo. Quando l'Occidente, nel suo insieme o in qualche sua partizione territoriale-geografica o pur anche istituzionale, si trova a confrontarsi con altre realtà globali, la questione del suo essere terra di migranti e melting pot, sia pure soft, è carattere che non entra mai in gioco: la Cina è cinese al 100 per cento, la Germania è tedesca all'80 per cento, ma nessuno si sognerà di dare un senso a questa diversità, di attribuirle un valore, un peso, di vedere come entra in gioco nelle vicende internazionali.

Si guardi al consesso del G7: nell'insieme dei 7 Stati più industrializzati – tra i quali figura il Giappone che ha solo 3,4 milioni di immigrati su una popolazione di 123 milioni di abitanti, meno di 3 migranti ogni 100 abitanti, causa il riflesso dell'atavica idiosincrasia di quel Paese per gli stranieri, in tutto il resto più occidentale di molti Paesi occidentali – abbiamo 14 migranti/stranieri ogni 100 abitanti; in un altro consesso, quello dei BRICS (dalle iniziali dei primi 5 Paesi che facevano parte di questo raggruppamento di economie mondiali: Brasile, Russia, India, Cina e Sudafrica), che pure dal 2024 comprende anche Emirati Arabi Uniti e Arabia Saudita, Paesi ad altissima presenza di migranti (per quanto molto *sui generis*, come sappiamo), gli stranieri sono poco più dell'1 per cento, proporzione che scenderebbe sotto lo 0,7 per cento – venti volte di meno di quella occidentale – senza l'apporto assai recente dei due Paesi del Golfo; mentre salirebbe al 16 per cento la proporzione dei migranti nei Paesi del G7 senza il Giappone. Siamo insomma di fronte a due realtà geopolitiche globali che hanno, tra le altre differenze, un alto grado di diversificazione nella composizione delle loro popolazioni: pressoché senza migranti e senza conseguente melting pot quella dei BRICS; con una notevole quota di migranti e conseguente melting pot quella del G7. Possono, ecco la domanda, queste due realtà non parlare un linguaggio diverso in virtù e in conseguenza *anche soltanto* di questo motivo?

Paesi e regioni del mondo letteralmente senza migranti e, quei pochi, provenienti da Paesi e regioni confinanti, senza che vi sia tra immigrati e abitanti distanza culturale, autentica diversificazione, non possono, indipendentemente da ogni altra diversità – di regimi politici, diritti individuali, concezioni e stili di vita –, avere un'apertura mentale e una libertà di pensiero e di visione del mondo paragonabili a Paesi e regioni del mondo dove sotto questo aspetto succede tutto il contrario.

Doversi misurare in patria, nei propri Paesi, con la

molteplicità delle etnie e delle culture del mondo conferisce alle istituzioni, i governi, le classi dirigenti, il popolo impegnati in questo compito un superiore, più autentico e profondo senso della realtà, delle diversità, della complessità e insieme delle possibilità del reale.

Avere a che fare con il melting pot non lascia indifferenti, costringe a cambiamenti continui del registro del vivere quanti vi sono coinvolti – e nelle nostre società occidentali un po' tutti ne siamo coinvolti, anche se in misure e modi diversissimi. Trattasi di processo faticoso e non lineare, dai risultati non scontati. Un processo, oggi che i migranti sono così tanti e i flussi migratori in crescita, che suscita sentimenti contrastanti e forti opposizioni. Ma quanti parlano di chiusura di frontiere e simili fanfaluche, dimenticano la cosa più importante: non c'è futuro per l'Europa Occidentale, per i nostri Paesi, per l'Italia e per l'Occidente, senza migrazioni e migranti. Le nostre popolazioni non sopravviverebbero a una chiusura in se stesse; in questa chiusura si condannerebbero all'involuzione e a un precoce declino. La chiusura delle frontiere a quest'altra chiusura, esiziale, fatalmente condurrebbe.

Ma ciò non vuol dire che le frontiere debbano essere sistematicamente aperte; che nessun controllo, se non del tutto formale, debba essere esperito, e chi vuole entrare entri. Quest'altra versione delle politiche migratorie è ancora più sgangherata e inconcludente dell'altra. Mina la necessità della programmazione dei flussi migratori, la linea politica insieme più difficile e più necessaria, che passa dagli accordi con i Paesi d'emigrazione che, lo abbiamo visto, sono tanti e diversi.

Siamo di fronte a concezioni contrapposte dei confini nazionali: insuperabili, per l'una; senza valore, per l'altra. I confini nazionali hanno una storia, una ragione, un senso: custodiscono un'identità nazionale che non va né mitizzata né svenduta.[22] Dire che chi nasce in Italia è cittadino italiano per il solo fatto di essere nato in Italia è un modo di non riconoscere il valore dell'identità nazionale o di non riconoscerlo come si dovrebbe. Occorre misura. Maneggiamo, rapportandoci alle migrazioni e ai migranti, materie e problematiche di grande delicatezza e insieme di assoluta necessità per il nostro futuro di Paesi e popoli, di cittadini, di uomini e donne di questa parte del mondo. Meno fumisterie, ideologie, idealismi fuori contesto, fisime; consapevolezza e pragmatismo, piuttosto. Gli equilibri sono difficili da raggiungere, e non si raggiungono partendo da visioni estremizzate della realtà. E per un bagno di realtà occorre guardare e riflettere sui migranti nei nostri Paesi, quanti sono, da dove vengono, che cosa succede a partire dal momento in cui attraversano i nostri confini, di cosa hanno bisogno, quali processi mettono in movimento nella società e nelle coscienze, cosa si deve fare per massimizzare i lati positivi dell'immigrazione e minimizzare quelli negativi.

Con la speranza che queste pagine possano servire a questo sguardo, a questa riflessione.

[22] Un libro bellissimo, ancorché di nicchia, sul valore dei confini italiani anche e proprio come, attraverso le vicende storiche, custodi di una idea di Paese, di una identità nazionale, è *Il confine settentrionale. Austria e Svizzera alle porte d'Italia*, di Roberto Roveda e Michele Pellegrini, Oltre Edizioni, Sestri Levante (GE) 2018.

Appendice statistica

Tav. 1 – Incremento complessivo e medio annuo dei migranti internazionali in vari periodi tra il 1990 e il 2024 (dati in milioni)

Periodo	n° anni del periodo (*)	incremento migranti internazionali	
		nel periodo	medio annuo
1990-2000	10	20,7	2,1
2000-2020	20	100,7	5.0
2020-2024	4	28,7	7,2
1990-2024	**34**	**150,1**	**4,4**

(*) non viene contato il primo anno

Tav. 2 – Abitanti, stranieri residenti e stranieri per 100 abitanti nei Paesi classificati secondo il livello del reddito (valori assoluti in milioni) – anno 2024

Paesi secondo il livello del reddito	abitanti	stranieri residenti	stranieri per 100 abitanti
alto	1265	199,1	15,7
medio	6111	89,2	1,5
basso	757	14,4	1,9
reddito non valutabile	29	1,3	4,5
Mondo	**8162**	**304**	**3,7**

Tav. 3 – Stranieri presenti nei continenti in numero assoluto (dati in milioni) e in percentuale della popolazione dei continenti – anni 1990 e 2024

Continenti	stranieri		stranieri per 100 abitanti	
	1990	2024	1990	2024
Africa	16,2	29,2	2,5	1,9
Asia	46,7	92,2	1,5	1,9
Europa	51,5	94	7,1	12,6
America Latina e Caraibica	7,3	17,5	1,6	2,6
Nord America	27,5	61,2	9,8	15,9
Oceania	4,8	9,9	17,8	21,5
Mondo	**154**	**304**	**2,9**	**3,7**

Tav. 4 – Stranieri presenti nelle regioni del mondo in numero assoluto (dati in milioni) e in percentuale della popolazione delle regioni – anni 1990 e 2024

Regione di residenza	stranieri residenti		stranieri in % popolazione	
	1990	2024	1990	2024
Africa Subsahariana	13,8	24,3	2,8	2
Nord Africa e Asia Occidentale	16,9	54,1	5,8	9,3
Asia Centrale e del Sud	25,5	20,4	2,0	0,9
Asia dell'Est e del Sudest	6,8	22,6	0,4	1
America Latina e Caraibica	7,3	17,5	1,6	2,6
Oceania	0,3	0,3	4,1	2,3
Australia/Nuova Zelanda	4,5	9,6	22,0	30
Europa e Nord America	79,0	155,3	7,9	12,9
Mondo	**154**	**304**	**2,9**	**3,7**

Tav. 5 – Migranti internazionali secondo la regione di origine e la percentuale di quanti abitano in una regione diversa da quella di origine (valori assoluti in milioni) – anno 2024

Regione di origine	migranti	% di migranti in un'altra regione
Europa	61,0	26
di cui Europa dell'Est	32,5	18
Africa Subsahariana	30,7	20*
Nord Africa e Asia Occidentale	40,5	45*
Asia Centrale e del Sud	53,9	75
Asia dell'Est e del Sudest	41,4	75*
America Latina e Caraibica	48,3	71
Nord America	4,6	73
Oceania	1,6	27
Mondo	**282**	**55**

(*) nostre stime

Tav. 6 – Ucraini residenti nelle regioni dell'Europa Occidentale (dati in migliaia) – anni 2020 e 2024

Regioni dell'Europa Occidentale	2020	2024
Europa del Nord	155	721
Europa del Sud	434	777
Europa Continentale	342	1900
Europa Occidentale	**931**	**3498**

Tav. 7 – Stranieri presenti nelle regioni dell'Europa Occidentale e negli Stati Uniti (valori assoluti in milioni) – anni 2020 e 2024

Regioni	migranti internazionali			Incrementi in %	
	2020	2024	2024-2020	2024-2020	medi annui
Europa del Nord	16,2	18,5	2,3	14,1	3,5
Europa del Sud	17,7	20,1	2,4	13,6	3,4
Europa Continentale	32,9	36,7	3,9	11,9	3
Europa Occidentale	66,8	75,4	8,6	12,9	3,2
Stati Uniti	50,5	52,4	1,9	3,8	0,9
Mondo	**275,3**	**304**	**28,7**	**10,4**	**2,6**

Tav. 8 – Stranieri presenti nei dodici Paesi leader nel mondo per presenza degli stessi

Stati	stranieri	abitanti	stranieri per 100 abitanti
Stati Uniti	52,4	345,4	15,2
Germania	16,8	84,6	19,8
Arabia Saudita	13,7	34,0	40,3
Inghilterra	11,8	69,1	17,1
Francia	9,3	66,5	13,8
Spagna	8,9	47,9	18,5
Canada	8,8	39,7	22,2
Emirati Arabi	8,2	11,0	74,0
Australia	8,1	26,7	30,4
Russia	7,6	144,8	5,3
Turchia	7,1	87,4	8,1
Italia	6,6	59,3	11,0

Tav. 9 – Graduatoria dei dodici Paesi leader per presenza di migranti internazionali secondo l'aumento dell'incidenza degli stessi nella popolazione tra il 1990 e il 2024

Stati	stranieri per 100 abitanti		rapporto
	1990	2024	2024/1990
Spagna	2,1	18,5	8,8
Italia	2,7	11	4,1
Turchia	2,1	8,1	3,9
Inghilterra	6,4	17,1	2,7
Germania	8,7	19,8	2,3
Stati Uniti	9,2	15,2	1,7
Canada	15,3	22,2	1,5
Francia	10,3	13,8	1,3
Australia	23,3	30,4	1,3
Emirati Arabi	68,6	74	1,1
Arabia Saudita	42,1	40,3	1
Russia	7,7	5,3	0,7
Mondo	**2,9**	**3,7**	**1,3**

Tav. 10 – Stranieri residenti in Europa Occidentale e negli Stati Uniti secondo il livello del reddito dei Paesi di origine (valori assoluti in milioni) – anno 2024

Paesi di origine secondo il livello di reddito	Europa Occidentale		Stati Uniti	
	v.a.	in %	v.a.	in %
alto	23,7	36,1	9,9	20,2
medio	37,1	56,6	37,7	77,1
basso	4,1	6,3	0,6	1,2
reddito non valutabile	0,7	1,1	0,7	1,4
totale	**65,6**	**100**	**48,9**	**100**

Tav. 11 – Stranieri residenti in Europa Occidentale e negli Stati Uniti secondo il continente di origine (valori assoluti in milioni) – anno 2024

Continenti	Europa Occidentale		Stati Uniti	
	v.a.	in %	v.a.	in %
Africa	10,5	16,0	1,8	3,7
Asia	15	22,9	15	30,7
Europa	32,6	49,7	4,7	9,6
America Latina e Caraibica	6,1	9,3	26,4	54,0
Nord America	1,1	1,7	1	2,0
Oceania	0,3	0,5	--	--
Mondo	**65,6**	**100**	**48,9**	**100**

Tav. 12 – Stranieri residenti in Europa Occidentale e negli Stati Uniti secondo la regione di origine (valori assoluti in milioni) – anno 2024

Regione di origine	Europa Occidentale		Stati Uniti	
	v.a.	in %	v.a.	in %
Africa Subsahariana	4,7	7,2	1,6	3,3
Nord Africa e Asia Occ.le	11,3	17,2	1	2
Asia Centrale e del Sud	6,7	10,2	4,9	10
Asia dell'Est e del Sudest	2,9	4,4	9,4	19,2
America Latina e Caraibica	6,1	9,3	26,4	54
Australia/Nuova Zelanda	0,3	0,5	--	--
Europa e Nord America	33,6	51,2	5,6	11,5
Mondo	**65,6**	**100**	**48,9**	**100**

Tav. 13 – Primi 15 Paesi per numero di migranti che risiedono in Europa Occidentale che complessivamente forniscono oltre il 50 per cento degli stranieri qui residenti (valori assoluti in milioni) – anno 2024

Paesi	migranti	% su totale migranti	
		del singolo Paese	cumulativa
Romania	3,9	5,9	5,9
Polonia	3,9	5,9	11,8
Ucraina	3,4	5,2	17,0
Marocco	3,3	5,0	22,0
Turchia	2,7	4,1	26,1
Germania	2,1	3,2	29,3
Russia	2,0	3,1	32,4
India	2,0	3,0	35,4
Italia	1,9	2,8	38,2
Siria	1,6	2,5	40,7
Algeria	1,6	2,4	43,1
Bosnia-Erzegovina	1,5	2,3	45,4
Francia	1,4	2,1	47,5
Portogallo	1,3	2,0	49,5
Inghilterra	1,3	1,9	51,4

Tav. 13 bis – Primi 8 Paesi per numero di migranti che risiedono negli Stati Uniti che complessivamente forniscono oltre il 50 per cento degli stranieri qui residenti (valori assoluti in milioni) – anno 2024

Paesi	migranti	% sul totale migranti	
		del singolo Paese	cumulativa
Messico	11,3	23,1	23,1
India	3,2	6,5	29,6
Cina	2,5	5,1	34,7
Filippine	2,3	4,6	39,3
Portorico	1,9	3,9	43,2
El Salvador	1,6	3,2	46,4
Repubblica Dominicana	1,5	3	49,5
Vietnam	1,4	2,9	52,4

Tav. 14 – Migranti internazionali europei secondo i continenti di destinazione (valori assoluti in milioni) – anno 2024

Continenti di destinazione	migranti dall'Europa	
	valori assoluti	in % Mondo
Africa	0,6	1,0
Asia	4,9	8,0
Europa	45,2	74,1
America del Nord	6,6	10,8
America Latina e Caraibica	1,2	2,0
Oceania	2,5	4,1
Mondo	**61**	**100**

Tav. 15 Germania – Provenienza degli stranieri residenti secondo i continenti e i principali Paesi (dati in milioni) – anno 2024

Continenti		principali Paesi	
Europa	8,6	Polonia	1,9
di cui Europa dell'Est	6,3	Turchia	1,5
Asia	4,7	Ucraina	1,4
Africa	0,2	Russia	1,1
Nord America	0,2	Romania	1
totale migranti classificati	**13,7**		
altri non classificati	3,1		
totale migranti al 2024	16,8		

Tav. 15 Inghilterra – Provenienza degli stranieri residenti secondo i continenti e i principali Paesi (dati in milioni) – anno 2024

Continenti		principali Paesi	
Europa	3,7	India	1
di cui Europa dell'Est	1,9	Polonia	0,9
Asia	3,3	Romania	0,7
Africa	1,1	Pakistan	0,7
Nord America	0,3	Irlanda	0,4
Oceania	0,2	Bangladesh	0,3
America Latina e Caraibica	0,1	Ucraina	0,3
totale migranti classificati	**8,7**		
altri non classificati	3,1		
totale migranti al 2024	11,8		

Tav. 15 Francia – Provenienza degli stranieri residenti secondo i continenti e i principali Paesi (dati in milioni) – anno 2024

Continenti		principali Paesi	
Africa	4,4	Algeria	1,4
Europa	2,5	Marocco	1,1
di cui Europa del Sud	1,3	Portogallo	0,6
Asia	1	Tunisia	0,4
Nord America	0,1	Italia	0,3
America Latina e Caraibica	0,3		
totale migranti classificati	**8,3**		
altri non classificati	0,9		
totale migranti al 2024	9,2		

Tav. 15 Spagna – Provenienza degli stranieri residenti secondo i continenti e i principali Paesi (dati in milioni) – anno 2024

Continenti		principali Paesi	
America Latina e Caraibica	4,1	Marocco	1,1
Europa	2,2	Colombia	0,8
di cui Europa dell'Est	1,1	Venezuela	0,6
Africa	1,4	Romania	0,5
Asia	0,5	Ecuador	0,4
America del Nord	0,1	Argentina	0,4
totale migranti classificati	**8,3**	Perù	0,4
altri non classificati	0,6		
totale migranti al 2024	8,9		

Tav. 15 Italia – Provenienza degli stranieri residenti secondo i continenti e i principali Paesi (dati in milioni) – anno 2024

Continenti		principali Paesi	
Europa	3,2	Romania	0,9
di cui Europa dell'Est	1,8	Albania	0,5
Africa	1,3	Marocco	0,5
Asia	1,2	Ucraina	0,4
America Latina e Caraibica	0,7	Cina	0,3
Nord America	0,1	Moldavia	0,3
totale migranti classificati	**6,6**	India-Bangladesh	0,5
altri non classificati	--		
totale migranti al 2024	6,6		

Tav. 16 – Paesi con oltre 500.000 immigrati in Europa Occidentale e negli Stati Uniti (*) (dati in milioni) – anno 2024

Europa Occidentale			Stati Uniti		
n°	Paese	immigrati	n°	Paese	immigrati
1	Romania	3,9	1	Messico	11,3
2	Polonia	3,9	2	*India*	3,2
3	Ucraina	3,4	3	*Cina*	2,5
4	Marocco	3,3	4	*Filippine*	2,3
5	Turchia	2,7	5	Portorico	1,9
6	*Germania*	2,1	6	El Salvador	1,6
7	Russia	2,0	7	Repub.ca Dominicana	1,5
8	*India*	2,0	8	Vietnam	1,4
9	Italia	1,9	9	Cuba	1,4
10	Siria	1,6	10	Guatemala	1,3
11	Algeria	1,6	11	*Germania*	1,1
12	Bosnia-Erzegovina	1,5	12	Corea	1,1
13	Francia	1,4	13	*Colombia*	1,0
14	Portogallo	1,3	14	Canada	1,0
15	*Inghilterra*	1,3	15	Honduras	0,9
16	*Cina*	1,2	16	Giamaica	0,9
17	Albania	1,2	17	*Inghilterra*	0,9
18	*Venezuela*	1,2	18	Haiti	0,8
19	Pakistan	1,2	19	*Venezuela*	0,8
20	Spagna	1,0	20	*Brasile*	0,7
21	*Colombia*	1,0	21	*Nigeria*	0,6
22	Kazakistan	0,9	22	*Ecuador*	0,6
23	Afghanistan	0,9	23	Giappone	0,5

(*segue*)

Europa Occidentale			Stati Uniti		
n°	Paese	immigrati	n°	Paese	immigrati
24	Serbia	0,8	24	*Perù*	0,5
25	Bulgaria	0,8			
26	*Brasile*	0,8			
27	Croazia	0,7			
28	Iraq	0,7			
29	Stati Uniti	0,7			
30	Burundi	0,7			
31	Iran	0,7			
32	Tunisia	0,6			
33	*Filippine*	0,5			
34	*Nigeria*	0,5			
35	Bangladesh	0,5			
36	*Ecuador*	0,5			
37	Argentina	0,5			
38	*Perù*	0,5			

(*) in corsivo i Paesi comuni all'Europa Occidentale e agli Stati Uniti; sottolineati i Paesi europei

Tav. 17 – Numero di Paesi con almeno 500.000 migranti in Europa Occidentale e negli Stati Uniti secondo i continenti e le regioni di provenienza (valori assoluti in milioni) – anno 2024

Continenti/regioni	n° Paesi	migranti	
		valori assoluti	in % Paesi > 500.000
Europa Occidentale			
Europa	15	27,1	52,2
di cui: dell'Est	5	14	27
ex regimi comunisti	4	4,2	8,1
Europa Occidentale	6	8,9	17,1
Asia	11	12,9	24,9
Africa	5	6,7	12,9
America del Nord	1	0,7	1,3
America del Sud o America Latina	6	4,5	8,7
Paesi > 500.000 immigrati	**38**	**51,9**	**100**
Stati Uniti			
America Centrale e del Sud	14	25,1	63,2
di cui: Centrale	3	13,5	34
Caraibica	6	8,1	20,4
Del Sud o Latina	5	3,6	9,1
Asia	6	11	27,7
Europa	2	2	5
Africa	1	0,6	1,5
America del Nord	1	1	2,5
Paesi > 500.000 immigrati	**24**	**39,7**	**100**

Tav. 18 – Paesi che concorrono a superare il 75 per cento dei migranti in Italia secondo il numero di migranti e il loro grado di lontananza dall'Italia – anno 2024

Paesi	migranti	grado di lontananza	migranti per grado lontananza
Romania	880.402	1	880.402
Albania	542.638	1	542.638
Marocco	472.734	2	945.468
Ucraina	396.128	1	396.128
Cina	240.895	2	481.790
Moldavia	218.594	1	218.594
Germania	194.597	0	0
India	186.967	2	373.934
Svizzera	181.622	0	0
Bangladesh	179.289	2	358.578
Pakistan	158.436	2	316.872
Egitto	157.018	2	314.036
Filippine	147.183	2	294.366
Brasile	137.935	2	275.870
Senegal	127.427	2	254.854
Perù	127.352	2	254.704
Tunisia	117.917	2	235.834
Francia	115.100	0	0
Nigeria	112.792	2	225.584
Sri Lanka	95.118	2	190.236
Polonia	92.115	1	92.115
Argentina	88.572	2	177.144
Totale	**4.970.831**		**6.829.147**

Indice

Finito di stampare nel mese di luglio 2025
per conto di RCS MediaGroup S.p.A.,
da Rotolito S.p.A., Via Sondrio, 3, Pioltello (Milano)

Printed in Italy